*Small museums in kyoto Premium*

# 京都のちいさな美術館めぐり プレミアム

岡山拓 taku okayama
浦島茂世 moyo urashima

GB

写真：アサヒビール大山崎山荘美術館

# はじめに

京都へ行くなら、神社・お寺参りですか？

それとも歴史スポット巡礼ですか？

どちらも京都ならではのお散歩コースですが、もうひとつおすすめしたいのが、ちいさな美術館めぐり。京都は、ちいさいけ

写真：京都府立堂本印象美術館

れども、ぜひ足を運んでほしい美術館・ギャラリー・資料館の宝庫なのです。

京都ゆかりの作家にフォーカスを当てているところや、京都らしく着物や京菓子、茶道にテーマを絞っているところ、はたまた、京都らしい和の建物のなかで現代アートが堪能できたり、ホテルや廃校のなかという独特の空間でさまざまなアート体験できたり……。それぞれにこだわりが詰まっています。

本書では京都を中心に、大阪、兵庫、奈良まで足をのばし、おすすめの美術館・ギャラリー・資料館90館を厳選しました。美術館ができた経緯や開館までのいきさつ、建物の特徴や作品の展示の仕方まで、ひとつとして同じところはありません。

ぜひ本書を片手にいろいろな美術館・ギャラリーを訪れてみてください。きっと、お気に入りの場所が見つかるはずです。本書が古都ならではのアートめぐりの一助となればうれしいです。

Small museums in kyoto Premium

# 京都のちいさな美術館めぐり プレミアム


はじめに……2

## 1 とっておきの6館

京都府立堂本印象美術館……10
京都府立陶板名画の庭……13
京都 清宗根付館……16
二條陣屋……19
平等院ミュージアム鳳翔館……20
角屋もてなしの文化美術館……22

## 2 祇園・東山エリア gion.higashiyama

何必館・京都現代美術館……24
近藤悠三記念館……27
清水三年坂美術館……28
eN arts……30
河井寛次郎記念館……31

## Special 1 美術館顔負けなお寺

建仁寺…35／弘源寺…37／聖護院…39

## 3 京都大学・岡崎エリア kyoto university okazaki


細見美術館……42
京都版画館 版元まつ九……45
北村美術館……46
島津製作所 創業記念資料館……47
imura art gallery……48
MORI YU GALLERY……49


## 4 河原町エリア kawaramachi


京都国際マンガミュージアム……52
千總ギャラリー……54
杉本家住宅……55
galleryMain……56
Gallery PARC……57
同時代ギャラリー／ART COMPLEX 1928……58
京都芸術センター……60
京都市学校歴史博物館……62
大西清右衛門美術館……64
染・清流館……65
お辨當箱博物館……66


## 5 西陣エリア nishijin


樂美術館……68
中信美術館……71
相国寺 承天閣美術館……72
有斐斎 弘道館……74
安達くみひも館 くみひも資料展示館……75

写真は右から、京都府立陶板名画の庭、何必館・京都現代美術館、喫茶美術館、京都芸術センター。

虎屋 京都ギャラリー …… 76
ザ・パレスサイドホテル …… 77
茶道資料館・今日庵文庫 …… 78
ギルドハウス京菓子 京菓子資料館 …… 79
松栄堂 薫習館 …… 80


## 6 白川通りエリア shirakawa street


白沙村荘 橋本関雪記念館 …… 84
ユキ・パリスコレクション …… 87
野村美術館 …… 88
泉屋博古館 …… 89
無鄰菴 …… 90


## 7 下鴨神社・叡電沿いエリア shimogamo shrine, eiden along


駒井家住宅 …… 92
京都ギリシアローマ美術館 …… 93
京都工芸繊維大学 美術工芸資料館 …… 94
恵文社一乗寺店 ギャラリーアンフェール …… 95
アンスティチュ・フランセ関西-京都 …… 96


## Special 2 庭もじっくりゆっくり観てほしい美術館


重森三玲庭園美術館 … 99／並河靖之七宝記念館 … 100
作庭家 植治の庭を観よ！ … 102

写真は右から、京都 清宗根付館、河井寛次郎記念館、ホテルアンテルーム 京都、京都ギリシアローマ美術館。

## 8 京都駅周辺エリア kyoto station


龍谷大学 龍谷ミュージアム …… 104
美術館「えき」KYOTO …… 106
ホテル アンテルーム 京都 …… 107
ワコールスタディホール京都 …… 108


## 9 京都ほか


アサヒビール大山崎山荘美術館 …… 110
京都 ddd ギャラリー …… 113
高麗美術館 …… 115
古田織部美術館 …… 118
京都民芸資料館 …… 120
京セラギャラリー …… 121
みずのき美術館 …… 122
手織ミュージアム 織成館 …… 124
川島織物文化館 …… 125
ガーデンミュージアム比叡 …… 126


## 10 大阪エリア osaka


逸翁美術館 …… 128
上方浮世絵館 …… 129
正木美術館 …… 130
リーガロイヤルホテル リーチバー …… 131
アートエリア B1 …… 132

大阪府立狭山池博物館……133
喫茶美術館……134
中之島香雪美術館……136
クラブコスメチックス文化資料室……138

## 11 兵庫エリア hyogo

横尾忠則現代美術館……142
竹中大工道具館……144
神戸市立小磯記念美術館……146
神戸ファッション美術館……147
神戸北野異人館街……148
香雪美術館……150

## 12 奈良エリア nara

大和文華館……152
喜多美術館……154
松伯美術館……155
寧楽美術館……156
奈良市杉岡華邨書道美術館……157
入江泰吉記念奈良市写真美術館……158

## C コラム column

グッズ誕生ストーリー　細見美術館……50
伝統工芸品をアートグッズ感覚で……82・159
グッズ誕生ストーリー　京都ｄｄｄギャラリー……114
太陽の塔大公開!!……139

美術館のルールは守ってね

写真：高麗美術館

※閉館30分～1時間前に入館締切りとなる施設が多いので、お出かけ前にご確認ください。

※施設によっては、学生割り引きなど各種割り引きがあります。詳細は各施設へお問い合わせください。

※本書の情報は2019年4月現在のものです。商品などの価格は税込表示です。本書の発売後、予告なく変更される場合があります。ご利用の前に、必ず各施設へ事前にご確認ください。

### アイコンの見方

data

京都府立堂本印象美術館《きょうとふりつどうもといんしょうびじゅつかん》 …… 美術館名／美術館名の読み方

京都市北区平野上柳町 26-3 …… 所在地

☎ 075-463-0007 …… 電話番号

9：30～17：00　※入館は閉館30分前まで …… 開館時間

休 月曜（祝日の場合は翌日）、年末年始、展示替え期間 …… 休館日

¥ 一般500円ほか …… 入館料

市バス立命館大学前バス停から徒歩すぐ …… 交通アクセス

http://insho-domoto.com …… 公式ウェブサイト

…… アクセス地図

地図を掲載していない施設は、各章のはじめのページをご覧ください。

small
museums
in kyoto

1

# とっておきの6館

写真は京都府立陶板名画の庭（p.13-15）。

展示内容によって、開館時間や入館料金が異なることがあります。
お出かけ前に、各館の公式ウェブサイトをご確認ください。

MUSEUM 01

# 京都府立堂本印象美術館

ロビーではステンドグラス作品《蒐核》（1966年）がお出迎え。ミュージアムショップやカフェ【藤野茶房】もある。

1 珍しいスロープ式の展示室。印象の母が車椅子生活だったためにつくられた。親孝行な一面が偲ばれる。

2 ひとつとして同じものはない壁のオブジェ。ひとつひとつ眺めていると、とても１日では足りない。

3 展示室では、印象の作品はもちろん、日本の近現代美術の展覧会も楽しめる。写真は過去の展覧会風景。

4 外観から内観、ドアノブやライトに至るまで印象自らがデザイン。2018年リニューアルオープン。

## 京都画壇の巨星の世界へ

一度評価された画風を変化させることは難しい。評価が高ければ高いほどそうだ。堂本印象という人物は、伝統的な日本画家として知られている。ところが、その後、印象は抽象絵画を描き始める。

大正から昭和にかけて日本画の画壇で活躍した印象は、戦後ヨーロッパを旅して、新たなイメージの息吹を感じたのか、作風が変化し、純粋な抽象画へと移行する。特定の宗教を越え、寺社仏閣の襖絵からキリスト教会の壁画まで、美術館の枠におさまらない画業も展開した。

同館を訪れてみて、展示室で改めて画歴をたどると、何か新しいことをやってやろうという画家の、揺るぎない本懐が表れているようだ。

こだわりポイント!!

### 案内板も作家デザイン

**なにからなにまで作品であふれている館内。順路を示す案内板も、展示室名を書いたプレートもしかり。**

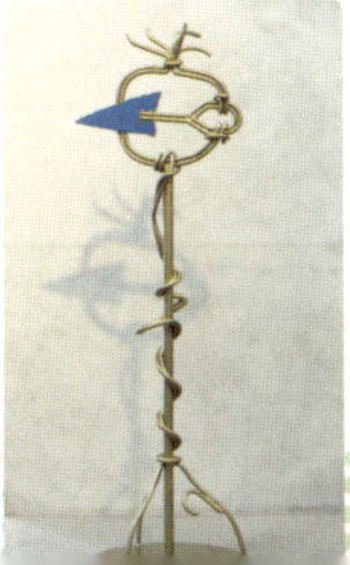

向かって右側が順路、左側が部屋の案内板。

館内から屋外の庭まで、みな形が違う
椅子はすべて印象のデザインによる。

## いたるところに作家の作品がある!?

同館開館の1966年は、印象にとって晩年の75歳にあたる。集大成的な意味もあったのだろうか、私財を費やした美術館だった。だからこそ、家具調度品から壁の装飾まで徹底したこだわりぶり。一方、スロープを使って展示室をめぐる順路には、車椅子に乗る母へのやさしい思いが込められている。

さらに門扉の飾りから玄関前の円柱、入口扉の取っ手など、屋外から屋内まで、目に映るものが印象作品であふれている。印象世界にどっぷりはまろう。

入口の扉の取っ手部分まで印象作品が盛り込まれている！

data

**京都府立堂本印象美術館《きょうとふりつどうもといんしょうびじゅつかん》**
京都市北区平野上柳町 26-3

- 075-463-0007
- 9：30 ～ 17：00
  ※入館は閉館 30 分前まで
- 休 月曜（祝日の場合は翌日）、年末年始、展示替え期間
- ¥ 一般 500 円ほか
- 市バス立命館大学前バス停から徒歩すぐ
- http://insho-domoto.com

MUSEUM

02

# 京都府立陶板名画の庭

巨匠ミケランジェロの《最後の審判》をこんな近距離で！ 1990年当時の状態を再現。

1 《最後の審判》を上から見下ろす。この作品は、下から見上げるべきものであることに気付かされる。

2 《最後の審判》を正面左手から観る。システィナ礼拝堂では実現できないアングルにドキドキする。

3 巨匠ダ・ヴィンチの《最後の晩餐》。特別イベント開催時の夜間にはライトアップも。

## 屋外に名画を展示してみたい！

直線と曲面のコンクリート壁で構成された、立体庭園に名画が飾られている、という世界にも稀にみる美術館だ。地下三層に構成された回廊を歩きながら、陶板による8点の複製名画をめぐる。写真を観て、この独特な建築は安藤忠《あんどうただ》雄《お》の設計とわかる人も多いかもしれない。

もともと、1990年に大阪市でおこなわれた「国際花と緑の博覧会」で公開された陶板作品がコレクションの母体。この作品を常設展示するにあたり、設計担当となった安藤が、室内の美術館よりも屋外に展示してみたいという提案を出し、新作も加えて誕生したのだ。

モネの《睡蓮・朝》、鳥羽僧正（伝）《鳥獣人物戯画》、ゴッホ《糸杉と星の道》など古今東西の名画が一堂に集っている点も魅力的。

こだわりポイント!!

### 建築ごと作品を楽しもう

どこを歩いても、360度どこを向いても、安藤建築の空間使いの秀逸さに触れられる！

揺れる水面越しに鑑賞するモネの《睡蓮》！陶板だからこその展示で、ちょっと贅沢な気分にもなる。

## 巨匠の大作を3視点から眺めて

いちばんの目玉はイタリア・ルネサンスの巨匠、ミケランジェロの大作《最後の審判》。縦横10メートル以上のほぼ原寸大サイズ、しかも、当時の状態に近づけて再現されている。

フロアを移動するにつれ、鑑賞する視点が上から中央、下へと変わる。最後に、下から見上げることで、もっとも迫力のある視覚体験を味わえる。これは、本物の描かれたイタリアのシスティナ礼拝堂では、決してできない体験だ。

data

**京都府立陶板名画の庭《きょうとふりつとうばんめいがのにわ》**

京都市左京区下鴨半木町
（京都府立植物園北山門出口東隣）

- ☎ 075-724-2188
- 9：00～17：00
  ※入館は閉園30分前まで
- 休 年末年始
- ¥ 一般100円ほか
- 市営地下鉄烏丸線北山駅から徒歩1分
- http://www.kyoto-toban-hp.or.jp/

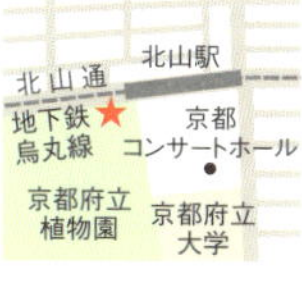


園内で随時イベントもおこなわれている。詳細は公式ウェブサイトをチェック。

MUSEUM

03

# 京都 清宗根付館

現代根付作家のアワード受賞作品。背面鏡や拡大鏡などの配慮がうれしい。

1. 根付のデザインや工夫の奥深さに魅了される。ちいさな作品でも、子犬の表情が豊かで愛らしい。
2. 建物が元・武家屋敷なので刀なども残されている。展示ケース以外も要チェック！
3. 猿廻しをテーマにした色鮮やかな根付。なかにはどちらが上下かわからない根付もあるというからおもしろい。
4. 作家の道具類も展示。使い手によって、形や大きさが異なっているのが興味深い。

## ちいさな、ちいさな伝統美

京都の西の端、幕末には新撰組が拠点とした壬生《みぶ》。この地に、とってもちいさな美術品、根付を収蔵・展示する日本唯一の美術館がある。根付とは、印籠などをもち歩く際に紐にくくり、帯に通して留め具の役割をする装身小物。江戸時代に、小物類にも心を配るのが粋として流行した。携帯電話のストラップの原型である。

素材は、象牙や木材、陶器や金属と幅広い。置き物ではないので、裏側まで３６０度彫刻されている点が特徴。動植物から人物、野菜・果物、あらゆるものが題材となり、約３センチ立方のなかに超絶技巧を尽くした美術品となった。洋装が主流となるにつれ、印籠も根付も忘れられた近代以降、根付を精巧で風流な手工芸として再認識したのが同館だ。

こだわりポイント!!

### 武家屋敷の雰囲気を損なわず修理

襖の下部分（写真矢印）、実はこれ着物の帯。武家屋敷のムードを壊さないためのアイデアなのだとか。

庭園の景色を邪魔しないよう、屋根には柱を1本も用いない「つり上げ技法」が採用されている。

## 建物も価値のある武家屋敷

　同館が、佐川印刷会長である館長の集めたコレクションをもとにオープンしたのは2007年。江戸時代の根付を集めて保存するだけではなく、現代根付の理解を深め、そのすばらしさを広めることも目的とした。いまは5000点を超える所蔵品から、季節ごとに常時約400点を入れ替えて展示している。

　建物は壬生郷士の武家屋敷を修繕して利用。庭も建物も文化的価値が高い。根付はちいさいが、細かい造形をじっくり観られるよう展示工夫が施されているので、鑑賞時間に余裕をもって訪れてほしい。

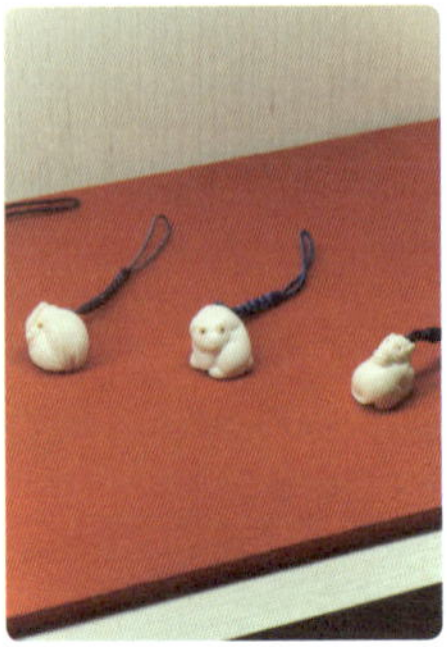

グッズは根付のストラップなど。オリジナルの書籍は写真が美しい。

data

**京都《きょうと》 清宗根付館《せいしゅうねつけかん》**

京都市中京区壬生賀陽御所町 46-1

075-802-7000

10：00～17：00
※入館は閉館 30 分前まで

月曜（祝日の場合は翌日）、夏季、年末年始

一般 1000 円ほか

市バス壬生寺通バス停から徒歩 3 分、阪急京都線大宮駅、嵐電嵐山本線四条大宮駅から徒歩 10 分

https://www.netsukekan.jp/

MUSEUM

04

# 二條陣屋

「お能の間」。室内を能舞台に転換することができる。

珍しい陶板製の湯殿（写真右下）。壁には縁起のよいトンボの意匠も。茶室「苫舟《とまぶね》の間」の襖絵は現代洋画家によるもの（写真左下）。

## 美と防衛が共存する大名の陣屋

二条城の城下にある元・豪商の屋敷だが、多彩な見どころを備えた住宅建築だ。

ここは江戸時代の公事宿《くじやど》であるが、公事宿をご存知だろうか。地方大名の宿泊施設で、ときには、殿様級の重要人物も泊まった。だから、防衛構造がおもしろい。広間の天井に設けられた採光用の窓には、反対側の2階に通じる細い通路。もしものときに護衛がすぐ主を助けられる仕組みだ。ほかにも隠し階段、のぞき窓など当時のセキュリティが充実。

その一方で、客人としての武家をもてなす屋敷の品格も備えている。能舞台に転換する部屋や、陶板製の湯殿など。また、廊下の角の緩やかなカーブなど、左官仕事の見事さも見逃さないでほしい。

data

**二條陣屋《にじょうじんや》**

京都市中京区三坊大宮町 137

☎ 075-841-0972

第 1 回 10：00 ～、第 2 回 11：00 ～、第 3 回 14：00 ～、第 4 回 15：00 ～
（各回 50 分ほど　※要予約）

休 水曜、年末年始

¥ 一般 1000 円ほか

市営地下鉄東西線二条城前駅から徒歩 3 分

http://nijyojinya.net/

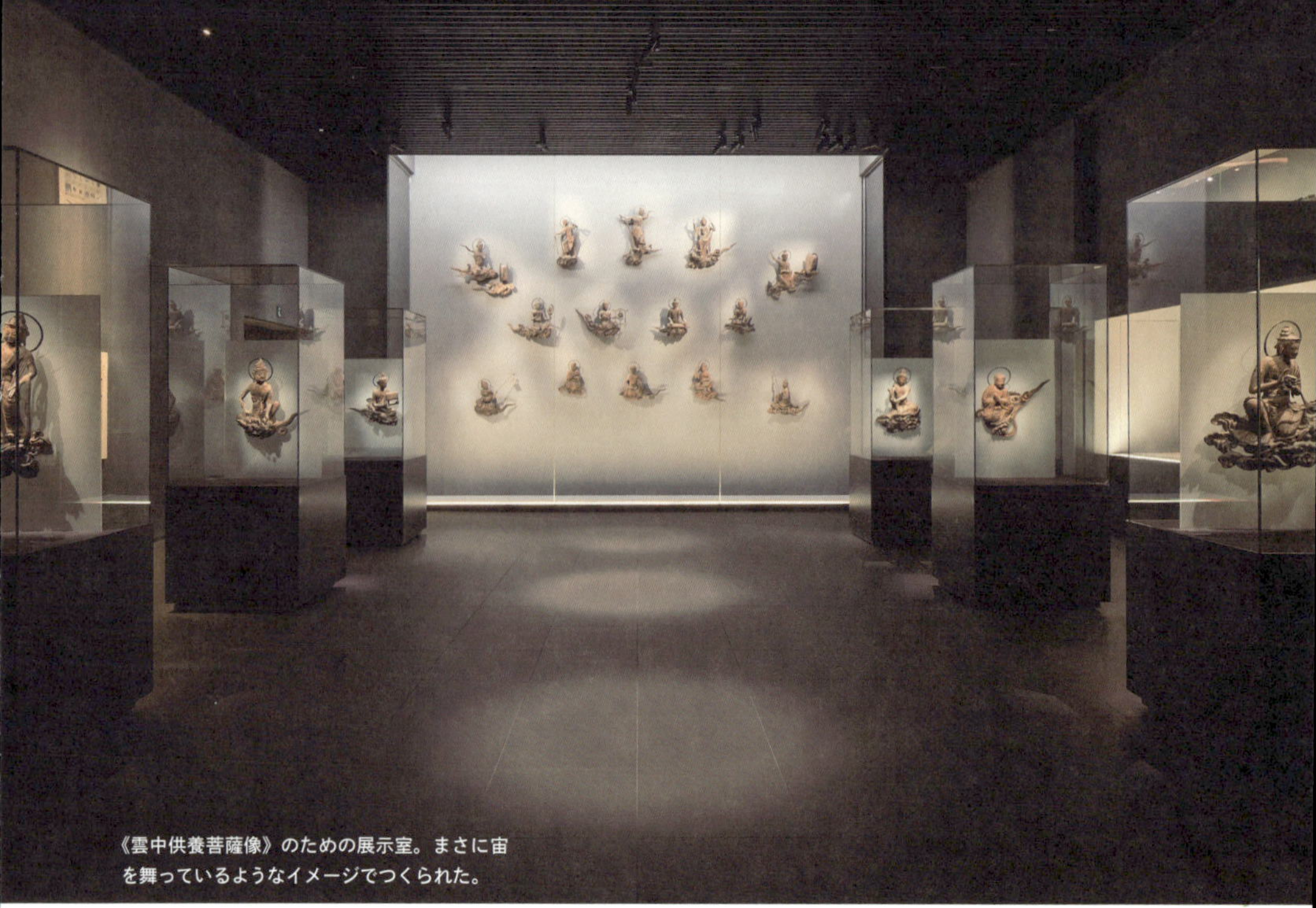

《雲中供養菩薩像》のための展示室。まさに宙を舞っているようなイメージでつくられた。

MUSEUM 05

# 平等院ミュージアム鳳翔館

## 世界遺産の地に建つモダンミュージアム

10円玉の意匠に描かれ有名な宇治の平等院鳳凰堂。毎日観光客の絶えないこの地に、2001年3月、宗教法人として初の総合博物館が開館。

そもそも平等院は、平安時代、時の関白・藤原頼通《よりみち》が、経典や曼荼羅《まんだら》でイメージ化された浄土を地上に再現した救済のテーマパーク。救済の仏である阿弥陀にすがり、西方浄土への生まれ変わりを望んだ貴族にとっての最大のプロジェクトだった。

そんな厳かな空間の景観を損ねないように、ミュージアムは半分地下に埋められた。雰囲気のあるトンネルのような入口を通ることで気持ちも改まる。天井は徐々に高くなり、いちばん奥の部屋には自然光も射し込む。暗い世界に射し込む仏の救いのような光を演出している。鳳凰堂や仏像のディテールがていねいに紹介され、平等院の奥深さを再認識できる。

設計は栗生明《くりゅうあきら》。コンクリート打ち放し、ガラスを大胆に使った、彼のモダンな建築も楽しみポイント。カフェやショップも充実しているので、ひと休みしつつ、鳳凰堂鑑賞を深めてほしい。

気持ちが厳かになるエントランス（写真右）と「扉絵の間」（写真左上）。初代鳳凰も拝観できる（写真左下）。

data

## 平等院ミュージアム鳳翔館《びょうどういんみゅーじあむほうしょうかん》

宇治市宇治蓮華 116

- 0774-21-2861
- 9：00 ～ 17：00
  ※入館は閉館 15 分前まで
- 年中無休
- 一般 600 円ほか
- JR 奈良線宇治駅から徒歩 10 分、京阪宇治線宇治駅から徒歩 10 分
- http://byodoin.or.jp

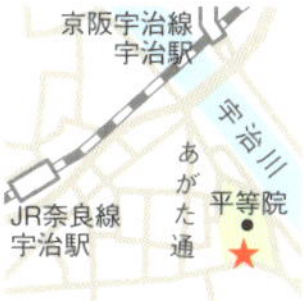


こだわりポイント!!

### グッズの豊富さが自慢

図録や写真集をはじめ、クリアファイルやマスキングテープなどの文具類、あぶらとり紙や香合など美容グッズ、トランプ……。ふだん使いできるオリジナルグッズがたくさん。

写真上から時計まわりに、雲中楽器（ストラップ・根付）、コンパクトミラー、蒔絵風香合。

MUSEUM

06

# 角屋もてなしの文化美術館

もっとも広い大広間
「松の間」に残る襖絵。

大広間から庭を眺めると、臥龍松《がりゅうのまつ》という名の見事な松が（写真左上）。当時の面影を残した台所（写真左下）。

## 新撰組も利用した宴会場

日本で唯一残る揚屋《あげや》建築。花街として栄えた島原《しまばら》の、歴史的意義を教えてくれるのが同館だ。遊郭《ゆうかく》と混同されがちだが、揚屋とは巨大な調理場をもつ宴会場であり、茶室も備えた文化的なサロンだった。こった意匠の各客間と広間、庭と茶室、台所など、見どころ満載なので、ガイドツアーに参加することがおすすめ。2階もぜひ上がってみてほしいが、要予約なのでご注意。

江戸時代中期には、この地に俳諧《はいかい》のサロンが開かれ、その縁もあって絵師・俳人の与謝蕪村《よさぶそん》の《紅白梅図屏風》が収蔵されている。また、幕末には屯所があった壬生《みぶ》からそう離れていないこともあって、新撰組《しんせんぐみ》が利用。彼らの付けた刀傷の残る柱があるので、探してみてはいかが。

data

### 角屋もてなしの文化美術館

すみやもてなしのぶんかびじゅつかん

京都市下京区西新屋敷揚屋町 32

- ☎ 075-351-0024
- 10：00 ～ 16：00（3/15 ～ 7/18、9/15 ～ 12/15 のみ開館）
- 休 月曜（祝日の場合は翌平日）
- ¥ 一般 1000 円ほか
  ※ 2 階の見学は要予約の上、別途入館料が必要
- JR 山陰本線丹波口駅から徒歩 7 分
- http://sumiyaho.sakura.ne.jp/

*small museums in kyoto*

**2**

# 祇園・東山エリア

*gion,higashiyama*

① 何必館・京都現代美術館
② 近藤悠三記念館
③ 清水三年坂美術館
④ eN arts
⑤ 河井寛次郎記念館

建仁寺（→ p35-36 スペシャル）

京都らしい建物もチェック

展示内容によって、開館時間や入館料金が異なることがあります。
お出かけ前に、各館の公式ウェブサイトをご確認ください。

MUSEUM 07

# 何必館・京都現代美術館

エントランスでお客様を静かに迎える、ジャコモ・マンズーの作品《枢機卿》。

1. 2階展示室は和の空間をイメージ。奥の部屋には、キャプションのない作品も。自由な心で観てほしいというメッセージだとか。
2. 3階展示室は洋の雰囲気。一枚板の椅子が心地よい。2階とムードが違っている。
3. この作品を求めて来館する人も多いという、北大路魯山人《つばき鉢》。実際に観たときのサイズにきっと驚くはず。

## はじまりは1枚の日本画

京都の観光スポットのひとつ、八坂神社に近い四条通に建つビルにある美術館。観光客でにぎわう通りから、一歩館内に入ると、うって変わって静寂な空間に包まれる。

コレクションのはじまりは、梶川芳友館長が若き日に出会った日本画家・村上華岳《かがく》の1枚の絵《太子樹下禅那》だ。この作品はいまも、5階の茶室に大切に飾られている。美への探求は、北大路《きたおおじ》魯山人《ろさんじん》の陶芸、山口薫の洋画と広がり、魯山人の《つばき鉢》は同館を代表する作品となった。館長独自のセンスで選ばれた作品は、思慮深く落ち着いて懐が深い。地階に、魯山人の常設展示室があり、地上階で年5〜6回の企画展を展開。

こだわりポイント!!

### 魯山人の作品に花を添えて

魯山人作品に花などが活けられているが、館長が手がけたもの。このような展示スタイルは、ほかの美術館では観られない!

魯山人の書《玄遠》の表具として使われている更紗《さらさ》の取り合わせは、館長の手によるもの。

同館は地上ではなく5階に光庭（写真右）、その奥に茶室（写真左）が設けられている。茶室には、同館のコレクション第1歩となった記念すべき作品が展示されている。

## 「何ぞ必ずしも」の精神をもて

最上階には坪庭「光庭」と茶室があり、円くくり抜いた天井に山紅葉がのびる。その様子は都市のなかで自然を感じる茶の湯の精神「市中の山居」を体現しているかのよう。

写真や現代的な作品への造詣も深い。館長はフランスの写真家ロベール・ドアノーやアンリ・カルティエ=ブレッソンらと交流があり、その縁から生まれた展覧会はいまや定番となっている。また、日本の作家MAYAMAXの個展を定期的に開くなど、現代アートの企画展にも力を入れている。

data

### 何必館・京都現代美術館《かひつかん・きょうとげんだいびじゅつかん》

京都市東山区祇園町北側 271

075-525-1311

10：00～17：30　※入館は閉館30分前まで
展示内容により異なる

休 月曜、年末年始、展示替え期間

¥ 一般 1000 円ほか

京阪本線祇園四条駅から徒歩 3 分

http://www.kahitsukan.or.jp/

おすすめグッズの北大路魯山人クリアファイル（小）4枚セット 1500円（税込）。

MUSEUM

08

# 近藤悠三記念館

記念館は清水寺に通じる茶わん坂途中に建つ。

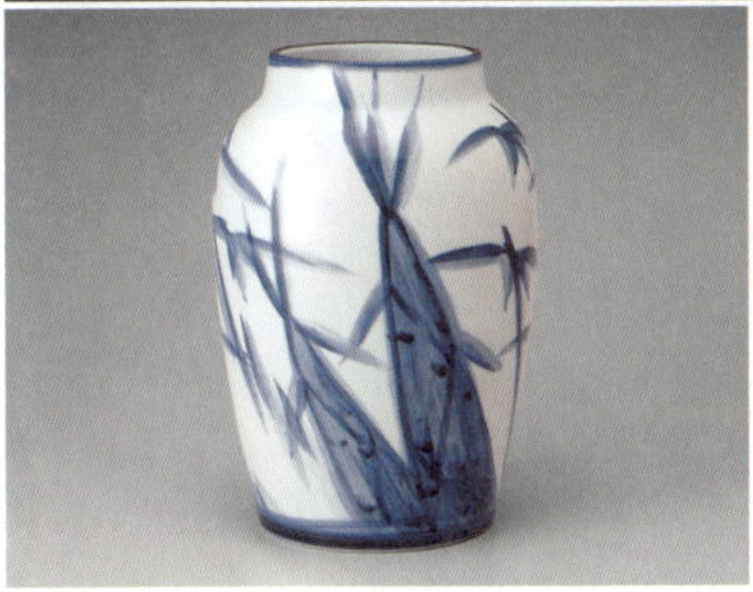

所属品の一例から《竹の子染付壷》(写真右下)と《富士赤絵金彩染付壺》。

## 人間国宝の陶磁器染付に親しむ

清水寺へと続く茶わん坂はいつも多くの観光客でにぎわっていて、陶芸ショップやお土産店が立ち並ぶ。この坂道途中にあるのが同館。陶磁器染付の分野で人間国宝の認定を受けた陶芸家、近藤悠三の初期から晩年の作品に出会える場所だ。近藤の生家であり、窯を構え仕事場にしていた場所が記念館として生まれ変わり開館した。

展示の目玉《梅染付大皿》は実際に目の前にすると、そのダイナミックさと優美さに驚かされる。直径1メートルを超える世界一の大皿。常設展示なので、いつでも観られることがうれしい。奥には近藤が作業したろくろが残されており、染付に使用したいろいろな太さの筆や道具も大切に展示されている。

data

**近藤悠三記念館**《こんどうゆうぞうきねんかん》

京都市東山区清水 1-287(茶わん坂)

- ☎ 075-561-2917
- 11：00 ～ 18：00
- 休 水曜
- ¥ 一般 1000 円ほか
- 市バス東山五条坂バス停から徒歩 10 分
- http://www.kondo-kyoto.com/yuzo/

仕事場には近藤が使用した道具類も展示されている。

1階常設展示室では並河靖之の七宝や安藤緑山の牙彫をいつも鑑賞できる。

MUSEUM 09

# 清水三年坂美術館

## 「超絶技巧」をほどこした明治の工芸品が集結

清水坂の入口、かわいらしい店が連なる三年坂にある同館は、近年「超絶技巧」というキーワードで注目を集める金工や七宝、漆工、刺繍などの工芸品を収集、展示する美術館。これらは鎖国が解かれ、武家社会が崩壊してしまった幕末から明治期につくられた。大名お抱えの職人たちが一気に職を失い、海外輸出用として細かく精緻な技工を凝らした工芸品を盛んに制作したためだ。この時期に盛んにつくられた「超絶技巧」による工芸品は、ほとんど日本に残っていない。同館創設者の村田理《まさ》如《ゆき》は、出張先のアメリカで明治期の工芸品に出合い、その魅力に取りつかれ、美術館を開くに至った。

展示作品のなかで特に注目したいのは、「自在」と呼ばれる自由自在に動かせる金属製の置物や、名工・安藤緑山《りょくざん》による彩色をほどこした「牙彫《げちょう》（象牙の彫刻）」など、現在では再現不可能と呼ばれる繊細な工芸品。細部をじっくり観察できるよう、単眼鏡をレンタルできるのがうれしい。

ショップではオリジナルの蒔《まき》絵《え》シールのほか、トルコや中央アジアのかわいい陶器やアクセサリーも揃う。

コレクションの代表格、並河靖之《蝶図瓢形花瓶》（写真右）、安藤緑山《松竹梅》（写真左上）、正阿弥勝義《群鶏図香炉（蟷螂）》（写真左下）。

data

## 清水三年坂美術館《きよみずさんねんざかびじゅつかん》

京都市東山区清水寺門前産寧坂北入清水 3-337-1

☎ 075-532-4270

🕒 10：00 ～ 17：00
※入館は閉館 30 分前まで

休 月・火曜（祝日の場合は開館）、年末年始、展示替え期間

¥ 一般 800 円ほか

🚌 市バス清水道バス停下から徒歩 7 分

🌐 http://www.sannenzaka-museum.co.jp/

こだわりポイント!!

### 良質の工芸品もずらり

書籍やオリジナルグッズが揃うミュージアムショップ。普段使いしたくなるようなアイテムがたくさんあり、京都のお土産にもぴったり。

写真下は人気の蒔絵シール。所蔵品がモチーフになっている。

# eN arts

松田啓佑《けいすけ》の個展「STABILIZATION」（2014 年）の展示風景。力強く大胆な具象絵画が広がる。©Keisuke Matsuda

写真はどちらも過去の展示風景。右下が、白子勝之の 2014 年開催「exhibition 5」展 ©Katsuyuki Shirako。左下が、田中真吾の 2012 年の「繋ぎとめる・零れおちる」展 ©Shingo Tanaka。

## 築80年の数寄屋建築で現代アート

祇園祭で有名な八坂神社のある円山公園に、現代美術ギャラリーがある。外見は落ち着いたシックな和の建物。しかし、外に向かって大きく開かれた窓の向こうにあるのは、白い壁に映える、意表を突くような現代アートだ。展覧会が変わるごとに、ギャラリーの表の顔が変わるかのようで、毎回訪れるのが楽しくなる。元・料亭という空間に、飾られたアートは、一般的なギャラリーの展示とは違った表情を見せてくれる。

オーナーであるロウ直美のコンセプトは「LIFE WITH ART」。ロウの目線でセレクトした国内外の作家のみを企画展で紹介。だから、常にフレッシュな力に満ちあふれている。ギャラリー内には茶室もあり、床の間に現代アートを飾ることも！

data

**eN arts**《えん・あーつ》
京都市東山区祇園町北側 627
（円山公園内八坂神社北側）

- ☎ 075-525-2355
- 12：00 ～ 18：00（展示期間中の金・土・日曜のみ開廊）
- 休 展示期間はウェブサイトを要確認
- ¥ 入館料無料
- 京阪本線祇園四条駅から徒歩 10 分
- http://en-arts.com

Photo：Tomas Svab

MUSEUM

11

# 河井寛次郎記念館

振り子の柱時計は柳宗悦から、箱階段は濱田庄司からの贈り物だという。

1. 河井はウサギや手をモチーフとした作品が多い。ひとつのイメージにとらわれない豊かな作風だ。
2. 河井の書は力強い。その書も展示のひとつとして飾られている。
3. 窯跡も当時の姿のまま保存されていて、なかをのぞくこともできる。
4. 河井は中庭の藤棚下がお気に入りの作業場だったという。

# 土と炎の詩人と呼ばれた陶工の仕事場

民藝運動とは単なる工芸文化を盛り上げた活動ではなく、生活すべてに美しさを求める思想運動だった。思想家の柳宗悦《やなぎむねよし》が「用の美、健康の美」と名もなき工芸の担い手を称え、「民衆的工芸」を略した「民藝」という新語を生み出した。河井寛次郎は、陶芸家の濱田庄司《しょうじ》とともに民藝運動の中心となり、作陶を実践した。

河井の生活に対する考え方は、自宅兼仕事場であったこの記念館にあふれている。島根県安《やす》来《き》の生家は大工の家系。棟梁であった兄を中心に、故郷の大工たちの手によって、この住宅は建てられた。島根県の民家を基調に、登り窯の形に対応する構造にするなど、河井自らが設計し、こだわり抜いた住宅だ。

こだわりポイント!!

## 作家の過ごした息づかいが伝わる

同館はいまも河井家の子孫たちで守られている。河井が家族や交流のあった作家たちと、いかに和気あいあいと過ごしていたか、その雰囲気がいまも受け継がれている。

床の間には河井の収蔵品だった円空仏の姿も。

写真右が家族や来客と過ごした囲炉裏、左は居心地のよさそうな書斎。河井と同じ風景を眺めてみよう。

## 「暮しが仕事　仕事が暮し」

中国古陶磁の影響を受けた初期作品から、民藝の影響が強くなった中期、土を用いた陶芸の枠を越え独自の造形が際立つ後期まで、一連の作品が、この住空間に展示されている。木彫や金工など、陶芸以外の素材を扱ったものも多く、大工の家系だったこともあって、木彫は見どころが多い。

建物は伝統的な素材をいかしつつ、吹き抜けや2階の回廊などモダンな間取りだ。臼を改造したスツールなど家具調度品も河井がデザイン。実際に座れるところがうれしい！

キセルのデザインも手がけるなどマルチに活躍した。

data

**河井寛次郎記念館《かわいかんじろうきねんかん》**

京都市東山区五条坂鐘鋳町 569

- ☎ 075-561-3585
- 10：00 ～ 17：00
  ※入館は閉館 30 分前まで
- 休 月曜（祝日の場合は翌日）、夏季、冬季
- ¥ 一般 900 円ほか
- 市バス馬町バス停から徒歩 2 分、五条坂バス停から徒歩 4 分
- http://www.kanjiro.jp/

# *Special 1* 美術館顔負けなお寺

京都で寺社仏閣を訪ねるなら、アートにこだわってみよう！　京都には美術館に引けをとらない珠玉のアートを有するお寺がたくさんある。

建仁寺法堂の天井画《双龍図》は小泉淳作の筆による壮大な水墨画。

## 建築もアート

建物内にあるアートだけではなく、寺院建築そのものも見もの。長年受け継がれてきた大工職人の技と伝統美に想いをはせてみよう。

江戸時代から高貴な方をもてなすために建てられた聖護院の宸殿。

## 庭園もアート

寺院に美しい庭園はつきもの。四季ごとに違う表情を見せる庭園は、訪れるたびに新しい美に出合える場所といっても過言ではない。

弘源寺の名庭「虎嘯《こしょう》の庭」。禅の悟りを表す。

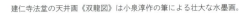

俵屋宗達による国宝《風神雷神図屏風》（京都国立博物館に寄託）。高精細複製作品の屏風画が展示されている。

# 建仁寺

kenninji

【創建】建仁2（1202）年
【開山】栄西禅師
【宗派】臨済宗
【本尊】釈迦如来

## 祇園に佇む禅寺で新旧アートを堪能

1765年上棟の法堂は仏殿兼用の拈華堂《ねんげどう》。見事な禅宗様仏殿建築で天井画《双龍図》が描かれている。

**庭園アート！**
○△□という３つの図形から禅宗の四大思想を示した「○△□乃庭」。

**建築アート！**
柿《こけら》屋根が印象的な禅宗方丈建築の方丈。前庭の「大《だい》雄苑《おうえん》」も必見。

小書院の襖絵に描かれているのは染色画家・鳥羽美花による「舟出」（写真上）と「凪」。

## 見ごたえたっぷり　アートと名庭園

日本に茶の文化を伝えたことで知られる栄西により1202年に創建された同寺は、京都最古の禅宗寺院。鎌倉時代から現在に至るまで、さまざまな文化の拠点として栄えてきた。世界的に知られている同寺の宝物が、国宝に指定されている俵屋宗達《風神雷神図屏風》。もとは、右京区宇多野にある妙光寺に伝来したもので、19世紀初頭に建仁寺に伝わったとされている。同寺では安土桃山時代から江戸時代にかけて海北友松《かいほうゆうしょう》が描いた襖絵（重要文化財）とともに、現在は高精細複製画を展示している。

また、日本画家の小泉淳作による法堂の双龍図や、染色画家の鳥羽美花による襖絵など、現代作家の作品も積極的に取り入れており、時代や様式を越えて美を楽しめる場所だ。もちろん、枯山水の庭や、禅宗建築など寺院ならではの美しさも堪能できる。

data

### 建仁寺《けんにんじ》

京都市東山区大和大路通四条下る小松町

map.23

- ☎ 075-561-6363
- 10：00 ～ 17：00（3 ～ 10 月）、10：00 ～ 16：30（11 ～ 2 月）※ 30 分前に受付終了
- 休 4 月 19・20 日、6 月 4・5 日ほか
- ¥ 一般 500 円ほか
- 京阪電車祇園四条駅から徒歩 7 分
- https://www.kenninji.jp/

日本画を代表する竹内栖鳳と栖鳳の画塾「竹杖会」による《扇面貼交屏風》を楽しめる本堂。

# 弘源寺

Kogenji

## 京都画壇を代表する日本画家にゆかりのある寺

【創建】永享元（１４２９）年
【開山】玉岫禅師
【宗派】臨済宗
【本尊】聖観世音菩薩

寛永年代（17世紀前半）に造営された客殿形式の本堂。京都御所蛤御門の変（1864年）での刀傷が今も柱に残っている。

毘沙門堂にある正面扁額は弘法大師の直筆。天井には日本画家・初代藤原孚石による四季草花４８面の絵画があり、こちらも見どころ（写真右）。

**庭園アート！**
嵐山を借景にした枯山水庭園「虎嘯の庭」。新緑の頃（写真右）も紅葉の頃（写真左）も訪れてみたい。

# 歴史散策も楽しいアートな古寺

臨済宗大本山天龍寺の塔頭寺院。室町幕府管領の細川持之が１４２９年に創建した。１８６４年に起きた蛤御門の変の際には長州藩士が境内に逗留、建物の柱を試し切りしてまわっていたため、現在も傷跡のある柱が本堂のあちらこちらに残っている。

同寺は、京都を拠点に活躍した日本画家の作品、なかでも明治期から戦前まで活躍した竹内栖鳳の作品を数多く収集、公開している。本堂の襖《扇面貼交屏風》は、栖鳳の息子が病気療養のため同寺に身を寄せていた際、栖鳳の画塾「竹杖会」に所属した日本画家24名が、彼の生活に彩りを持たせるため一人ずつ扇に絵をしたためたもの。一枚一枚に画家の個性が感じられる。毘沙門堂にある日本画家、初代藤原孚石の天井画とともに鑑賞したい。

data

## 弘源寺《こうげんじ》

京都市右京区嵯峨天龍寺芒ノ馬場町 65

- 075-881-1232
- 9：00～17：00
- 休 春・秋の特別拝観時以外は非公開
- ¥ 一般 500 円ほか
- 嵐電嵐山駅から徒歩３分
- http://kogenji.jp/

大玄関から豪華絢爛な襖絵を眺めたところ。

# 聖護院

syougoin

## 平安神宮の北にある寺で
## 煌びやかな金碧障壁画

【創建】寛治4（1090）年
【開基】増誉《ぞうよ》
【宗派】本山修験宗
【本尊】不動明王

南北両面に収蔵庫を持つという形の本堂。加行道場としての一面もある。

重要文化財に指定されている書院内もじっくり観ておきたい。

**建築アート！**

建築アート！　後水尾天皇の女院御殿を移築した書院。

四季折々の庭園もアート！　宸殿前の白砂の庭も見逃さないで。

狩野永納筆による「孔雀之間」。東西南北に描かれている。

## 皇室ゆかりの寺で大迫力の障壁画を

修験僧として名を馳せた増誉大僧正によって1090年に創建された聖護院は、本山派修験の管領として、最盛期には2万もの末寺を抱えていた寺。現在も山伏が修行をおこない、修験道に関する仏を多くまつっている。

この寺院でぜひ見ておきたいのが、宸殿の障壁画（襖や屏風などに描かれた絵）。狩野永納《かのうえいのう》と益信《ますのぶ》の筆によるもので、15を超える部屋にある障壁画は130面にもおよぶ。大玄関から見える力強い構図の老松は遠目からでも目に飛び込むほどの迫力。また、華やかな「孔雀之間」や「太公望の間」など画題はさまざまで、部屋を移動するごとに驚きを感じるはず。宸殿や重要文化財に指定されている書院は、毎年秋の特別公開期間のみ観られるのでスケジュールは要確認。

data

### 聖護院
しょうごいん

京都府京都市左京区聖護院中町 15

map.41

☎ 075-771-1880

🕘 9：30 ～ 16：30（9 ～ 3 月）、9：30 ～ 17：00（4 ～ 8 月）

休 年中無休

¥ 無料

市営地下鉄丸太町駅から徒歩 2 分、京阪電車神宮丸太町駅から徒歩 5 分

http://www.shogoin.or.jp/

small museums in kyoto

3

# 京都大学・岡崎エリア

Kyoto University,okazaki

1. 細見美術館
2. 京都版画館 版元まつ九
3. 北村美術館
4. 島津製作所 創業記念資料館
5. imura art gallery
6. MORI YU GALLERY


聖護院（→ p.39-40 スペシャル）

重森三玲庭園美術館（→ p.99 コラム）

並河靖之七宝記念館（→ p.100 コラム）

平安神宮（→ p.102 コラム）


展示内容によって、開館時間や入館料金が異なることがあります。
お出かけ前に、各館の公式ウェブサイトをご確認ください。

MUSEUM

12

# 細見美術館

同館を代表する重要文化財《金銅《こんどう》春日《かすが》神鹿《しんろく》御《み》正《しょう》体《たい》》。年数回の企画展示を折々のテーマで開催。

1. 展示室風景。常設展示はおこなわず企画展をメインにしている。
2. 茶室「古香庵」の名前は細見良の雅号から。茶室からの景色は展望よし！
3. 展示室、ショップ、カフェをつなぐ構造がユニーク。カフェでは、ライブなどのイベントも開催されている。

## 展示も建築もまるごと楽しみたい

美術館の見どころは、そのバランス感覚にあるのではないだろうか。まずコレクション、次に空間、そして企画力。それらがうまくまとまっている館に出会うと安心する。さらに、ショップやカフェなど魅力的なオプションがあれば、何度も足を運んでしまう。同館はそれらを備えた美術館といえるだろう。

昭和の実業家・細見良から３代にわたって収集された、縄文・弥生時代から江戸時代までの美術工芸品約１０００点のコレクションを誇る。同館は琳派《りんぱ》を顕彰する企画を１９９４年の開館当初からおこない、方向性を明確に打ち出していた。京琳派継承者である神坂雪佳《かみさかせっか》の《金魚玉図》など人気作品は、一度は観るべき価値あり。

こだわりポイント!!

### 茶室からの眺めは見晴らしがよい

最上階で存在感を漂わせている茶室「古香庵」。数寄屋建築の巨匠・中村外二《そとじ》が手がけた傑作で、東山の風景を一望できる。茶会だけではなく、イベントや展示会もおこなわれる。

茶室からはここにしかない独特の景色が広がる。

カフェの天井に吊るされた和紙のオブジェは、風に揺られて時間や季節で見え方が変わる。

ミュージアムショップには欲しくなるものばかり（写真左上）。写真左下はランチ人気のパスタコース1500円（税込）。

## ショップもカフェも、ゆったり過ごしたい

大江匡《ただす》設計による空間構造もおもしろい。チケット売り場に立つと、地上3階、地下2階に吹き抜けた構造を見下ろせる。階段を上下しながら展示室をめぐる仕組み。立体的に組まれた順路は、何度行っても飽きを感じさせない。土壁のような櫛目引きの外壁も珍しい。

地上から徐々に階下に下りて展示を楽しんだ後は、ショップへ。コレクションをモチーフにしたグッズから作家の作品まで充実。自分のためにも贈り物にもぴったり。最後はカフェレストランでごゆっくりと。

中村芳中《ほうちゅう》の作品をモチーフにした「仔犬豆皿」2916円（税込）。

data

### 細見美術館

ほそみびじゅつかん

京都市左京区岡崎最勝寺町 6-3

- ☎ 075-752-5555
- 美術館・ショップ 10：00 ～ 18：00、茶室 11：00 ～ 17：00（不定休）、カフェ 10：30 ～ 18：00、トラットリア 18：00 ～ 22：30
- 休 月曜（祝日の場合は翌日）、展示替え期間、年末年始
- ¥ 展示内容により異なる
- 市営地下鉄東西線東山駅から徒歩 10 分
- http://www.emuseum.or.jp/

MUSEUM

13

# 京都版画館 版元まつ九

古版画資料室は、富吉郎の版画に対する強い情熱でいっぱい。

版木からていねいに刷られた版画が描かれた箱（写真右下）。菓子やメモ入れに。原稿用紙や封筒なども揃う（写真左下）。

## 京版画の魅力をぎゅっと詰め込んで

代々、西本願寺の絵所《えどころ》（社寺所属の絵画制作機関）の家系である徳力《とくりき》家。12代目富吉郎《とみきちろう》は木版画に魅了され、版画家の棟方《むなかた》志功《しこう》らと交流を深めた。やがて、オリジナルの息吹を吹き込んだ京版画を確立し、徳力版画として人気を博す。98年という画業生活の間に収集した古版画、1万点を超える徳力版画、研究資料などを公開するために、同館が設立された。

3階資料室にある歴史的な資料には、驚かされる。最古の京木版、日本最古の版画《東大寺百万塔》、世界最古の紙「エジプトパピルス」など、古今東西の域を悠々と飛び越えた収蔵品が並ぶ。2階ショップは、版画はもちろん、文具やインテリアなど版画の魅力を堪能できるグッズが豊富で長居が楽しい。

data

**京都版画館 版元まつ九**
きょうとはんがかん はんもとまつきゅう
京都市左京区聖護院蓮華蔵町 33

- 075-761-0374
- 10：00 ～ 16：00 ※要予約
- 休 日曜、祝日、年末年始、夏季休暇
- ¥ 入館料無料
- 京阪鴨東線神宮丸太町駅から徒歩 5 分
- http://www.kyoto-matsukyu.jp

MUSEUM

14

# 北村美術館

北村の茶人としてのセンスが光るコレクションの数々。

## 茶道美術館のさきがけ的存在

奈良県の吉野で代々林業を営む旧家に生まれた北村謹次郎。彼の収集品を保存し公開するために、１９７５年、財団法人北村文華財団が設立され、その後77年に美術館として開館。実業家として成功した北村は、茶人でもあり、茶道具や骨董品への造詣が深く、収蔵品は絵画や書蹟、彫刻、木工など多方面におよぶ。約１０００点の収蔵品から、春・秋の2回、展示をおこなっている。

隣には「四君子苑《しくんしえん》」と呼ばれる旧北村邸の茶苑がある。昭和時代の数寄屋《すきや》建築の傑作で、春と秋の一定期間、内部を公開している。庭に出て驚くのは、石灯篭や石仏など石造美術品が、約60点も点在していることだ。日本でも類を見ないコレクションなので、庭もじっくり鑑賞してほしい。

２階ロビーの窓は、まるで一枚の屏風のよう（写真右下）。四君子苑（写真左下）に入ると、東山を借景にした見事な景色が現れる。

data

**北村美術館**《きたむらびじゅつかん》

京都市上京区河原町今出川南１筋目東入梶井町448

- 075-256-0637
- 10：00 ～ 16：00（３月中旬～６月上旬、９月中旬～ 12 月上旬の特別展時のみ開館）
- 休 月曜（祝日の場合は開館）、祝翌日
- ¥ 一般 600 円ほか
- 市バス河原町今出川バス停から徒歩２分
- http://www.kitamura-museum.com/

入ってすぐの展示室。昔のレントゲン装置が展示されている。

MUSEUM
15

# 島津製作所 創業記念資料館

## レトロな理化学器械に惚れぼれ

企業ミュージアムのなかでもとりわけ魅力的な空間だ。島津製作所は、日本初の医療用X線装置や電子顕微鏡を製造した、日本近代科学のパイオニア的存在。2002年に、ノーベル化学賞を受賞した田中耕一の勤務先としても有名だ。

木造2階建ての建物は、初代の島津源蔵、二代目が居住し、店舗にもしていたもの。創業100周年を記念して、1975年に資料館として開館した。

創業時から製造販売してきた理化学器械や産業機器、文献・資料などを常設展示。理化学器械のレトロなデザインや、ちょっと変わった形は、大人も子どももも虜にしてしまう。実験ラボでは、実験器具を動かすことができる。童心に返って時間を忘れてしまいそう。

「島津の電気」と呼ばれたウィムシャースト感応起電機(写真右下)。国産最古の顕微鏡(写真左下)。

data

**島津製作所 創業記念資料館《しまづせいさくしょ そうぎょうきねんしりょうかん》**

京都市中京区木屋町二条南

- ☎ 075-255-0980
- 9：30 ～ 17：00
  ※入館は閉館 30 分前まで
- 休 水曜 ( 祝日の場合は開館 )、年末年始
- ¥ 一般 300 円ほか
- 市営地下鉄東西線京都市役所前駅から徒歩 3 分
- https://www.shimadzu.co.jp/visionary/memorial-hall/

創業者の居室

# imura art gallery

川人綾個展（2018年6～7月）の展示風景（写真上・撮影：Akihito Yoshida）。佐藤雅晴個展「1 × 1=1」（2015年4～6月）の展示風景（写真下）。ひとつの被写体を画面に複数化するという独特のコンセプトがギャラリーに広がる。© 内藤貞保

## 京都らしさを再考する現代アート

古都・京都が長年培ってきた伝統の美を継承しつつ、それに挑むような現代の作品に出会える。日本絵画に現代風俗を融合させた「ニッポン画」画家の山本太郎、日本の伝統的な染織や神経科学を背景に絵画を制作する川《かわ》人《と》綾《あや》、写実の写真と緻密な絵画の間を行き来する佐藤雅《まさ》晴《はる》。「京都らしさ」を抱きつつ、革新性を秘めた京都・関西出身アーティストが揃う。

同ギャラリーは1990年に開廊。展示やアートフェアなど、国内・海外を問わず、さまざまな場面で作家を紹介している。さらに美術館の展覧会企画やプロデュースも手がけている。

data

**imura art gallery**
いむらあーとぎゃらりー
京都市左京区丸太町通川端東入東丸太町 31

- ☎ 075-761-7372
- 12：00 ～ 18：00
- 休 日・月曜、祝日
- ¥ 入館料無料
- 京阪本線神宮丸太町駅から徒歩 5 分
- http://www.imuraart.com

2010年開催の黒田アキ個展「ROLLING」の展示風景。©Aki Kuroda

写真右下は藤原康博「記憶の肌ざわり」展。©Yasuhiro Fujiwara　写真左下は五十嵐英之の「速度と遠近法、時間と焦点」展。©Hideyuki Igarashi

MUSEUM

17

# MORI YU GALLERY

## 既存価値や流行にとらわれない現代アート発信

岡崎の疎水沿いに建つ、こぢんまりとした黒塗りの家屋。京都出身の若手・ベテラン作家が、ここから日本国内外へと紹介されている。

代表的なアーティストは、パリ在住の画家・黒田アキだろう。黒田は、東京ドームシティホールの数十メートルに及ぶエントランスデザイン、9メートルにおよぶ彫刻などのアートワークスを手がけ、グローバルに活躍している作家だ。ほかにも、日本の若手登竜門であるVOCA賞を2011年に受賞した中山玲佳、石川県にある金沢21世紀美術館での展示なども印象に残る造形作家の藤浩志らが所属している。京都を始点に、今や日本や海外で活躍している作家の作品に出会える。

現在はART BASEL HONGKONGなど海外のフェア出展に重点を置き、京都にゆかりのあるアーティストの生の情報を発信している。

data

**MORI YU GALLERY**《もりゆうぎゃらりー》

京都市左京区聖護院蓮華蔵町 4-19

- ☎ 075-950-5230
- 12：00～19：00
- 休 月・火曜、祝日
- ¥ 入館料無料
- 京阪本線神宮丸太町駅から徒歩 7 分
- http://www.moriyu-gallery.com/

Photo：Kenryu Tanaka , Courtesy of MORI YU GALLERY

column
一

[ 身近に親しむ美術 ]

# グッズ誕生ストーリー

細見美術館

美術館はアート鑑賞を楽しむところ。でも、ショップエリアもじっくりと時間をかけてほしい。このページでは、とくにグッズの品揃えが豊富な細見美術館をご紹介。

時期によって在庫切れ・デザイン変更の場合もあります。ご了承ください。

➡美術館の紹介はp.42〜44

ショップ店員さんに聞きました

## 日本画をグッズにするのは難しい？

琳派作品は単純化されたデザインも多く、意外と愛らしくなってびっくり。神坂雪佳《かみさかせっか》の描いた金魚のモチーフは、とくに人気！

六兵衛窯《ろくべえがま》とコラボ！
「金魚玉図　小筥」
3780円（税込）。

ショップ店員さんに聞きました

## アートグッズはここがおもしろい！

グッズは、別の角度から作品の魅力を伝えられるところがすてき。単に作品の図案をそのまま商品に起こせばよいわけではなく、作品のよさと商品の特徴をバランスよく組み合わせたとき、長く愛されるグッズが生まれる。

伊藤若冲や中村芳中の作品をモチーフにした「金平糖」756円（写真左）と「ブックカバー」1188円（写真右）。

# 4 河原町エリア

kawaramachi

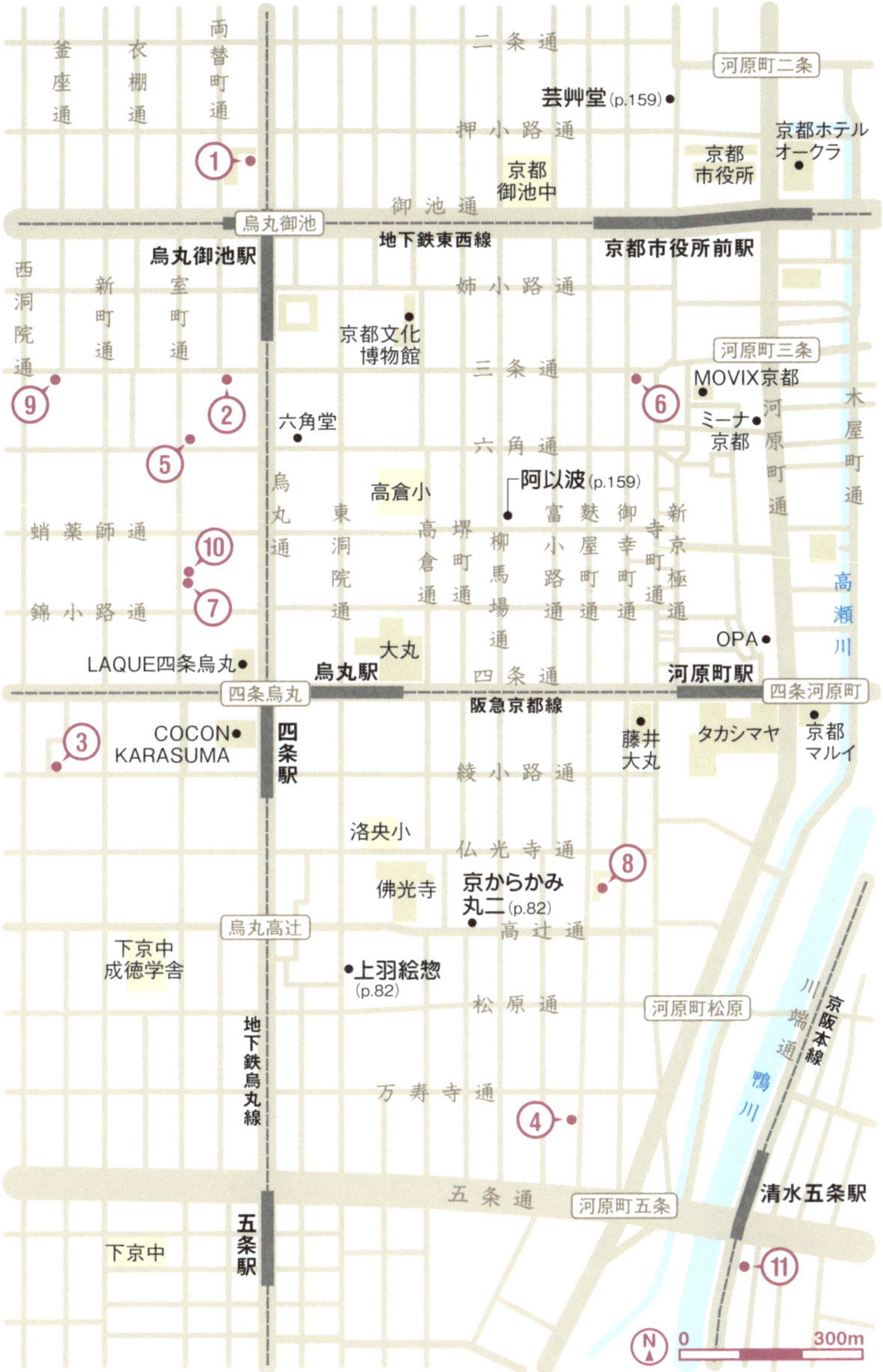


① 京都国際マンガミュージアム
② 千總ギャラリー
③ 杉本家住宅
④ galleryMain
⑤ Gallery PARC
⑥ 同時代ギャラリー／ART COMPLEX 1928
⑦ 京都芸術センター
⑧ 京都市学校歴史博物館
⑨ 大西清右衛門美術館
⑩ 染・清流館
⑪ お辨當箱博物館

京からかみ 丸二 (→ p.82 コラム)
上羽絵惣 (→ p.82 コラム)
芸艸堂 (→ p.159 コラム)
阿以波 (→ p.159 コラム)

展示内容によって、開館時間や入館料金が異なることがあります。
お出かけ前に、各館の公式ウェブサイトをご確認ください。

まさに「マンガの壁」。床がキシキシ鳴るけど、時間を忘れて我を忘れてマンガに没頭してしまうらしい。

MUSEUM

18

# 京都国際マンガミュージアム

## マンガを読む！ 学ぶ！ 楽しむ！

いまや海外からも熱い視線を集める日本のマンガ。このマンガを収集・保管し、展示や研究をおこなっているのが同館。京都市と京都精華大学の共同事業で生まれた。建物は、１８６９年創立・１９９５年に統廃合された龍池小学校の校舎を再活用している。

収蔵は江戸中期の戯画浮世絵や明治の雑誌、戦後の貸本などの歴史資料や現在の作品、海外のマンガまで約30万点。うれしいのが、ほとんどのマンガを手にとって自由に何冊でも読めること！　天気がよければ、グラウンドの芝生に寝転んで読んでもよい。マンガ好きにはたまらない空間だ。

戦争やバレエといったテーマに沿った展示や原画展などもおこなっており、単にマンガを楽しむだけではなく、その文化的な価値を再発見できる。マンガ家たちの手の石膏展示や「１００人の舞妓展」なども興味深い。マンガの制作現場や紙芝居の実演などもあり、見どころはもりだくさん。

館内には小学校の校長室も残されていて見学可能。館長・作家の荒俣宏《あらまたひろし》の館長室もある。懐かしげな校舎のなかをいろいろ探検してみてはいかが？

子ども向けの部屋は元職員室（写真上）。メインギャラリーではテーマ展示も随時開催（写真左上）。晴れた日には、グラウンドの芝生の上に寝転んでマンガも読める（写真左下）。

data

## 京都国際マンガミュージアム《きょうとこくさいまんがみゅーじあむ》

京都市中京区烏丸通御池上ル

075-254-7414

10：00 ～ 18：00
※入館は閉館 30 分前まで

休 水曜（祝日の場合は翌日）、年末年始、メンテナンス期間

¥ 一般 800 円ほか

市営地下鉄烏丸線、東西線烏丸御池駅から徒歩 3 分

http://kyotomm.jp

ポストカードは気軽に購入できるおすすめグッズ。

こだわりポイント!!

### あのマンガ家の直筆イラストがカフェの壁に！

併設のカフェに足を踏み入れると、目に飛び込んでくるのが、壁にびっしりの直筆イラスト。「前田珈琲」の美味しいコーヒーや軽食とともに楽しめる。

お気に入りのマンガ家を探すだけでも楽しいひととき。

# 千總ギャラリー

老舗だけに、展示される作品の美はため息が出るほど。

2階の展示風景（写真右下）と併設ショップ「SOHYA TAS」（写真左下）。

## 着物のものづくりの真髄に触れる

弘治元（1555）年創業の千總は、京都を代表する京友禅の老舗。同社の本社ビル2階に、その歴史を物語るギャラリーがある。収蔵は小袖などの染織品から、円山応挙や長澤蘆雪《ろせつ》らの絵画作品まで約2万点におよぶ。

同社は、明治時代に友禅の下絵を日本画家に依頼し、デザインを刷新。また海外の化学染料を用いた新しい型友禅を先駆的に製作した。国内外の博覧会に出品・受賞した歴史ももつ。所蔵品の多くは、ものづくりのために集められた資料で、テーマを設けた企画展を年数回開催して公開している。

オリジナルグッズを扱うショップも併設。京友禅の柄をいかしたストールなどのファッション雑貨が揃う。

景年花鳥柄のシルクシフォンストール4万3200円（税込）。

data

**千總ギャラリー**
ちそうぎゃらりー
京都市中京区三条烏丸西入御倉町80
千總本社ビル2階

- 075-221-3133
- 11：00～17：00
- 休 水曜、年末年始、展示替え期間
- ¥ 入館料無料
- 市営地下鉄烏丸線、東西線烏丸御池駅から徒歩2分
- http://www.chiso.co.jp/

**SOHYA TAS**
075-221-3133　11：00～17：00
休 水曜　http://www.sohya-tas.com/

# 杉本家住宅

「祇園会　屏風飾り」展の様子。同施設は「伯牙山」のお飾りところとしても利用されている。

名勝指定の「杉本氏庭園」は路地庭、座敷庭などの庭園（写真右下）。外観を観ると、さまざまな格子が用いられていることがわかる（写真左下）。

## 宮大工の技が光る重要文化財の京町家

1743年8月に、呉服商「奈良屋」を京都・四条烏丸に創業した杉本家。その杉本家の住宅として1870年建設され、1990年に、京都市指定文化財に指定された。表屋造の母屋には、床柱に角柱を使った広い座敷、九条土という京都南郊で採掘されていた土を使った砂摺《すなず》りの壁、12畳あるという広い台所など、大店だった当時の面影を残す。

江戸時代から明治時代にかけて使用された生活道具、家具、食器、祭具などがきれいに残されている。これら貴重な民俗資料を眺めながら、当時の暮らしに思いをはせつつ、建築の雅を楽しもう。また、興味深いのは、四季に合わせて室礼を変えることや、民俗行事の様子を見学できること。京町家のおもてなしを学ぼう。

data

**杉本家住宅《すぎもとけじゅうたく》**

京都市下京区綾小路通新町西入ル矢田町 116

- ☎ 075-344-5724
- 時間 要問い合わせ
- 休 不定休　※電話にて要確認
- ¥ 要問い合わせ
- 交通 市営地下鉄烏丸線四条駅から徒歩５分、阪急京都線烏丸駅から徒歩５分
- http://www.sugimotoke.or.jp/

# galleryMain

写真上は楢《なら》橋《はし》朝《あさ》子《こ》の写真展「biwako2014-15」の展示風景（開催 2015年4月15～26日）。下はギャラリー外観。

## 写真に加え、映像にも力を入れて

五条大橋近くで開廊6年目を迎えた写真専門ギャラリーが2015年、倉庫を改装した広々とした場所へ移転してリニューアルオープン。これまで同様に写真を中心に展開する。

同施設（有隣文化会館）には映像専門ギャラリーの「Lumen gallery」や、「カフェすずなり」もあり、総合的に楽しめる。企画によっては、写真や映像、アートなどの枠にはとらわれない公募展示も開かれ、新しい感性や可能性に出会える企画も楽しみだ。

ギャラリー近くには専用暗室があり、初心者から参加できるワークショップも開催。事前予約でレンタルも可能。

新進気鋭から、ベテランまで、さまざまなアーティストが切りとる写真の可能性、パワーを感じてほしい。京都には写真をメインとした施設が少ないので、今後の活動に期待したい。

data

**galleryMain**
ぎゃらりー・めいん
京都市下京区麩屋町通五条上る
下鱗形町543 2F

- 075-344-1893
- 13：00～19：30
- 休 展示期間はウェブサイトを要確認
- ¥ 入館料無料
- 京阪本線清水五条駅から徒歩６分
- http://www.gallerymain.com/

MUSEUM 22

# Gallery PARC

「retrace a pair 一対をなぞる　薬師川千晴展」(2018年3月2日〜3月18日)の展示風景。展示内容によって空間が様変わりする。

写真右下は「air scape / location hunting 2017 ヤマガミユキヒロ展」(2017年10月10日〜11月5日)。写真左下は「internal works / 境界の渉り：むらたちひろ 展 (2018年6月15日〜7月1日)。

## 最新アートをいち早くキャッチ！

京都発の〝デニッシュ〟パンの専門店として、日本全国から注文の殺到する「グランマーブル」。同店が開いたギャラリーであり、創設から7周年を迎えた2017年8月に、室町・六角に位置する新スペースに移転した。大きく開かれた窓があり、スタイリッシュな空間が広がっている。紹介する若いアーティストのセレクションが秀逸。アートやデザイン、写真や映像、パフォーマンスなど枠にとらわれない活動が展開されている。

data

**Gallery PARC**
[グランマーブル ギャラリー・パルク]《ぐらんまーぶる ぎゃらりー・ぱるく》
京都市中京区烏帽子屋町 502　2～4階

☎ 075-231-0706

11：00 ～ 19：00 (金曜～ 20：00)

休 月曜、年末年始、展示替え期間

¥ 入館料無料

市営地下鉄烏丸線四条駅から徒歩７分、
市営地下鉄烏丸線・東西線烏丸御池駅から徒歩７分、
阪急京都線烏丸駅から徒歩７分

http://www.galleryparc.com

撮影：麥生田兵吾

言葉を使わず観客の五感に訴えかける『ギア』。まるでおもちゃ工場のような舞台セットも見もの。
© Kishi Takao

MUSEUM 23

# 同時代ギャラリー ART COMPLEX 1928

## さまざまなアートの形態が雑居するビル

地元の人や観光客でにぎわう三条通りに建つ、アール・デコ調のレトロなビル。1928年、武田五一《ごいち》の設計で大阪毎日新聞社京都支局として建築された。星形の窓枠、社章をモチーフとしたバルコニー、玄関のランプカバーのデザインなど、思わず写真を撮りたくなるビジュアルが80年を経たいまも残っている。

3階にあるアーチ型形状が特徴的なホールは1999年、「アートコンプレックス1928」として生まれ変わった。2012年4月から、エンターテインメント公演『ギア-GEAR-』がロングランで上演中。マイムやダンス、マジック、ジャグリングなどを融合したパフォーマンスは外国人にも支持されている。

2階には「同時代ギャラリー」。その名の通り、同時代を表現したアートが展示されている。そして、ギャラリーの奥には2019年に「ギャラリービス」という展示スペースが誕生。どちらも大きな窓があり、自然光がたっぷりと入る空間で、さまざまなジャンルのイベントがおこなわれている。

「同時代ギャラリー」で 2019 年 1 月に開催された「道本勝 風景画展」（写真右上）、2019 年に生まれた新スペース「ギャラリービス」での「高尚赫 個展」（写真右下）。撮影スポットとなっている外観（写真左）。

data

同時代ギャラリー《どうじだいぎゃらりー》

ART COMPLEX 1928《あーとこんぷれっくす 1928》

京都市中京区三条御幸町東入弁慶石町 56
1928 ビル

※ ART COMPLEX 1928 の公演期間・時間・料金はウェブサイトを要確認

☎ 075-256-6155（同時代ギャラリー）
075-254-6520（ART COMPLEX 1928）

12：00 ～ 19：00（日曜は最長 18：00 まで）

休 月曜（祝日の場合は開館）

¥ 入館料無料

市営地下鉄東西線京都市役所前駅から徒歩 4 分

http://www.dohjidai.com/gallery/
（同時代ギャラリー）
http://www.artcomplex.net/ac1928/
（ART COMPLEX 1928）

カフェ・アンデパンダン

☎ 075-255-4312
11：30 ～ 24：00（L.O. 23：30）
休 無休

こだわりポイント!!

## 地下のカフェもアーティスティック！

ビルの地下には「カフェ・アンデパンダン」。こちらもまた、音楽やライブペインティングなどのイベントが開催されるアーティスティックな空間。ランチやスイーツが充実しているので、シチュエーションによって使い分けできる。

抹茶のチーズケーキはおすすめのスイーツメニュー。

昭和6（1931）年に竣工した校舎が、ほぼそのままの姿で残っている（写真上）。さまざまなワークショップやイベントがおこなわれている。

MUSEUM 24

# 京都芸術センター

## クリーム色の校舎に、若手作家の熱気

明治2（1869）年に下京三番組小学校として生まれ、惜しまれつつも1993年に閉校した明倫小学校が2000年にアートスポットとして再生。1931年改築時の姿をほぼそのまま残している。

祇園祭の山鉾を模したという正面を通り、校舎に足を踏み入れると、そこは懐かしい小学校の風景。でも校内では、現代アートなどの展覧会をはじめ、伝統芸能や音楽、演劇、ダンス、茶会……あらゆるアートでもり上がっている。

館内には、現在の校舎が竣工した当時から残るスロープ、老舗喫茶店「前田珈琲」のカフェ、文化・芸術関係の本を集めた図書室（閲覧のみ可）、情報コーナー、ギャラリーなど見どころも多い。また、普段は公開されていないが、竣工時から残る洋館風の講堂や78畳の大広間、和室「明倫」などが今も催しに使われている。

ワークショップや、国内外アーティストが長期間滞在して制作をする「アーティスト・イン・レジデンスプログラム」など、若手作家を支援するプログラムも多種多様で、次になにがおこなわれるか、いつも目が離せない。

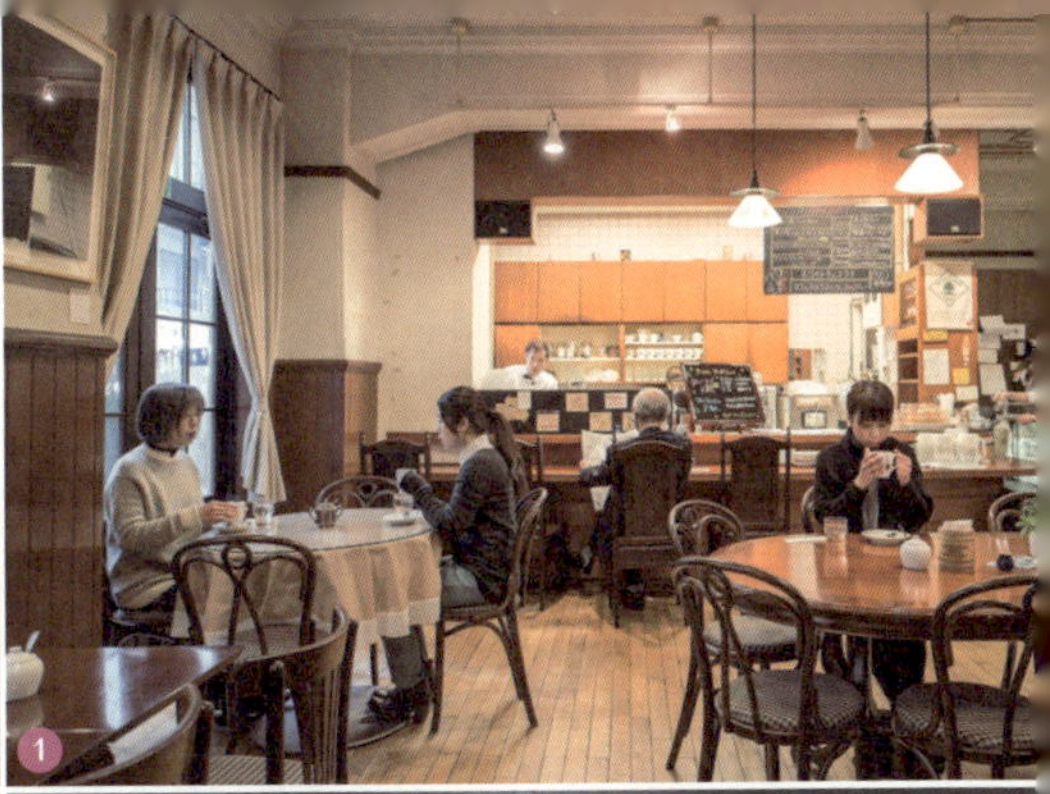

❶京都の老舗喫茶「前田珈琲」を併設。リピーターも多い人気店。❷北館1～3階まで続く美しいスロープ。❸学校の風景そのままの廊下。❹ロゴは明倫小学校の「M」、アートの「A」、センターの「C」から。「地域に根をはり、アートを育て、世界に向けて発信するアンテナであろう」という意思を表現。

data

## 京都芸術センター《きょうとげいじゅつせんたー》

京都市中京区室町通蛸薬師下る
山伏山町 546-2

☎ 075-213-1000

ギャラリー／ 10:00 ～ 20:00
カフェ／ 10:00 ～ 21:30 (LO 21:00)

休 年末年始、臨時休館日、展示替え期間

¥ 入館料無料
※イベントによって有料

市営地下鉄烏丸線四条、
阪急京都線烏丸駅から徒歩 5 分

http://www.kac.or.jp/

こだわりポイント!!

### アーティストに出会えるかも

元教室をアトリエとして活用した制作室。アーティストが日々制作の場として、稽古や練習の場として利用している。

常設展示室「教科書の部屋」。昔の教科書の装丁やデザインは、いま観るとレトロでかわいい。

MUSEUM

25

# 京都市 学校歴史博物館

## 校舎のなかを歩くだけでもウキウキ

立派な門構えを見ると、もと小学校？という疑問が湧く。けれども、なかをのぞくと、広々とした校庭。そして、木造の立派な車寄せが備え付けられた玄関。これは元成徳小学校の玄関を移築したもので、明治時代に建てられた。擬洋風の意匠がほどこされ、京都市最古の学校建築物として国の登録有形文化財にも指定されている。

この博物館は1992年に閉校した京都市立開智小学校を再活用して、1998年に生まれ変わったもの。ここでは、日本初の学区制小学校である番組小学校の歴史資料や、教科書・教材・教具などの教育資料をもとに京都の学校の歴史を紹介。番組小学校とは、町民の手でつくられた学校のこと。

また、卒業生やゆかりのある作家が学校に寄贈した美術工芸品を収集・保存して展示している。北大路魯山人や近藤悠三らから学校へ寄贈された絵画や工芸なども入れ替わりながら展示されている。常設展示のほかにも、年4～5回程度の企画展示をおこなう。大正期の懐かしいオルガンを伴奏に唱歌・童謡を歌う教室なども開催されている。館内はどこも懐かしい学校のやさしさに包まれている。

実際に使われていた燭台付きオルガンの展示（写真右）。小学校に遺された資料を紹介（写真左上）。昭和など様々な時代の給食サンプルも興味深い（写真左下）。

data

## 京都市学校歴史博物館《きょうとしがっこうれきしはくぶつかん》

京都市下京区御幸町通仏光寺下る橘町 437

075-344-1305

9：00 ～ 17：00
※入館は閉館 30 分前まで

休 水曜（祝日の場合は翌平日）、
年末年始（12/28－1/4）

¥ 一般 200 円ほか

阪急電車河原町駅から徒歩 10 分
市バス河原町松原バス停から徒歩 5 分

http://kyo-gakurehaku.jp/

正門は明治34（1901）年に建築された高麗門。

こだわりポイント!!

### オリジナルグッズも豊富！

写真のクリアファイルは山口華楊《凝視》と木村斯光《お手玉》。他にも一筆箋やポストカード、図録などがそろう。

写真提供：京都市学校歴史博物館

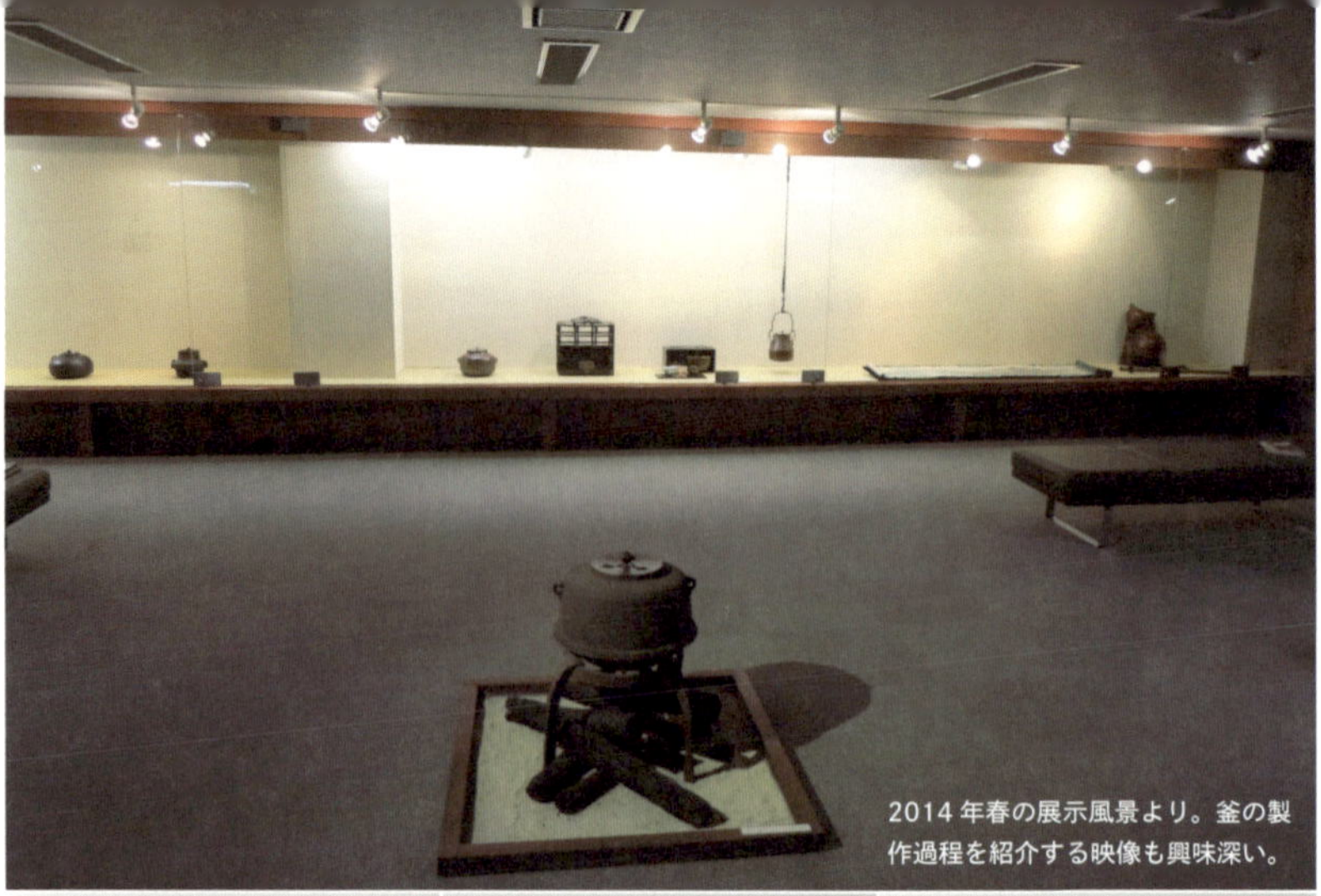

2014年春の展示風景より。釜の製作過程を紹介する映像も興味深い。

MUSEUM 26

# 大西清右衛門美術館

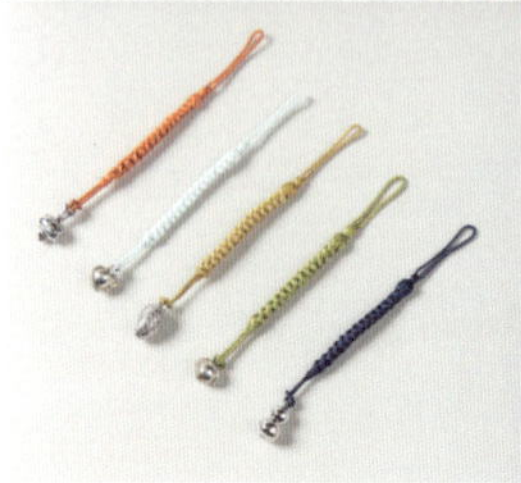

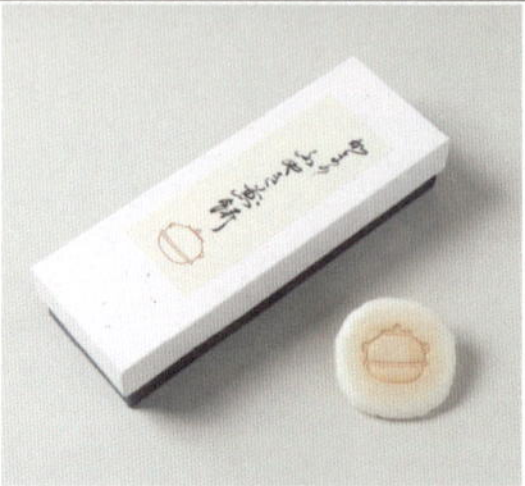

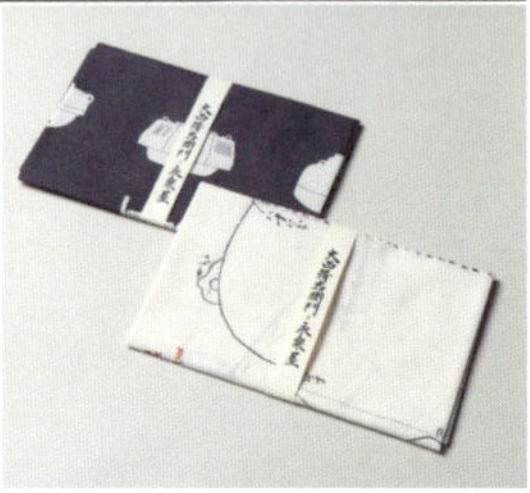

永楽屋とコラボして生まれた「てぬぐい」（写真右下）。老舗の和菓子屋・俵屋吉富の麩焼煎餅（写真中下）。オリジナルグッズの根付（写真左下）。

## 日本で唯一、茶の湯釜専門ミュージアム

茶の湯文化を支えてきた京釜。この京釜を４００年以上つくり続けている釜師、大西家伝来の茶の湯釜、茶道具および、関係資料を収蔵・公開している。代々の清右衛門が精進を重ね、伝統と技を継承してきた茶の湯釜は凛とした美しさ。春・秋の年2回、企画展を開催し、茶席では季節の和菓子と抹茶もいただける（別途料金）。

同館が居をかまえる三条釜座は、平安時代に鋳物師が集まる座を形成し、利休の釜師・辻与次郎以来、釜師が軒を連ねてきた町。現在は大西家を含む2軒が釜づくりをおこなっている。

企画展開催中は、当代による席主のもと館蔵品の茶道具を使い、実際に茶の湯釜に手を触れる鑑賞茶会など特別なイベントも開催している。

data

**大西清右衛門美術館**
おおにしせいえもんびじゅつかん
京都市中京区三条通新町西入る釜座町 18-1

- 075-221-2881
- 10：00 ～ 16：30
  ※入館は閉館 30 分前まで
- 休 月曜（祝日の場合は翌日）、年末年始、展示替え期間
- ¥ 展示内容により異なる
- 市営地下鉄烏丸線、東西線烏丸御池駅から徒歩 5 分
- http://www.seiwemon-museum.com/

MUSEUM

27

# 染・清流館

7月の祇園祭にあわせて開催する「祇園祭展」。2015年で7回目を迎えた。

スケールの大きい作品を目の前で鑑賞することができる（写真右下）。椅子に座ってもよく見える大きさがうれしい（写真左下）。

## 染色アートを発信する唯一の専門美術館

2006年、世界ではじめて、現代染色を専門とする美術館として開館。京都を拠点に活躍する巨匠から新鋭まで、100人もの作家の作品約500点を所蔵。ビエンナーレ形式の「染・清流展」で紹介している。そのほか、個展やテーマを定めた企画展、恒例の「祇園祭展」など1・2カ月単位で入れ替わる。靴を脱いで畳敷きの展示室に上がるので、落ち着いた雰囲気で作品を鑑賞できる。作品を傷めないよう紫外線カットの照明を採用するなど、展示にもこだわっている。

京都は古来、染色の伝統が根付いた土地。現代染色は、力強く大胆な作品も多く、現代アートをほうふつとさせる。ぜひ現代染色の大作に触れてみて。きっと奥深い世界にはまるはず。

data

**染・清流館**
そめ・せいりゅうかん

京都市中京区室町通錦小路上ル山伏山町550-1
明倫ビル6階

☎ 075-255-5301

🕒 10：00～17：00

休 月曜（祝日の場合は翌日）、1月前半、8月、12月、展示替え期間、臨時休館日

¥ 一般300円ほか

🚃 市営地下鉄、阪急京都線烏丸駅から徒歩5分

🌐 http://someseiryu.net/

MUSEUM 28

# お辨當箱博物館

公家仕様のお弁当箱がずらり。まるで贅をこらした工芸品のよう。

## 趣向をこらしたお弁当箱は工芸品の域！

1689年に創業した老舗の京麸屋、半兵衛麸。五条大橋近くにある本店の洋館2階に、弁当箱をメインとした珍しいミュージアムがある。同店の初代から収集されてきた、江戸時代〜近代までの弁当箱の数々約50点が季節ごとに入れ替えられて展示されている。

漆器の弁当箱、蒔絵《まきえ》や螺鈿《らでん》細工などが装飾された弁当箱、茶会や花見など季節に合わせた細工をほどこした弁当箱。それは公家や武家の権威のシンボルでもあった。屋外でお燗をするための道具もある。浮世絵などの絵画や資料もあるので、当時の人々が弁当箱を広げている風景をイメージしながら楽しめる。

ショップや茶房も併設されているので、京麸を味わうこともお忘れなく。

京麸は1階で店頭販売もされていて、さまざまな種類を購入できる（写真右下）。茶房でいただける麸と湯葉づくし料理「むし養い」（写真左下）。

data

**お辨當箱博物館《おべんとうばこはくぶつかん》**

京都市東山区問屋町通五条下る上人町 433
半兵衛麸本店内

☎ 075-525-0008

9：00 〜 17：00
（茶房 11:00 〜 16:00 ※入店は 14:30 まで）※要予約

休 年末年始

¥ 入館料無料

京阪本線清水五条駅から徒歩 1 分

http://www.hanbey.co.jp/

『京都　半兵衛麸のやさしいお麸レシピ』には、麸を使ったヘルシーな料理がたくさん。

# 5 西陣エリア

nishijin

① 樂美術館
② 中信美術館
③ 相国寺 承天閣美術館
④ 有斐斎 弘道館
⑤ 安達くみひも館 くみひも資料展示館
⑥ 虎屋 京都ギャラリー
⑦ ザ・パレスサイドホテル
⑧ 茶道資料館・今日庵文庫
⑨ ギルドハウス京菓子 京菓子資料館
⑩ 松栄堂 薫習館

展示内容によって、開館時間や入館料金が異なることがあります。
お出かけ前に、各館の公式ウェブサイトをご確認ください。

MUSEUM

29

# 樂美術館

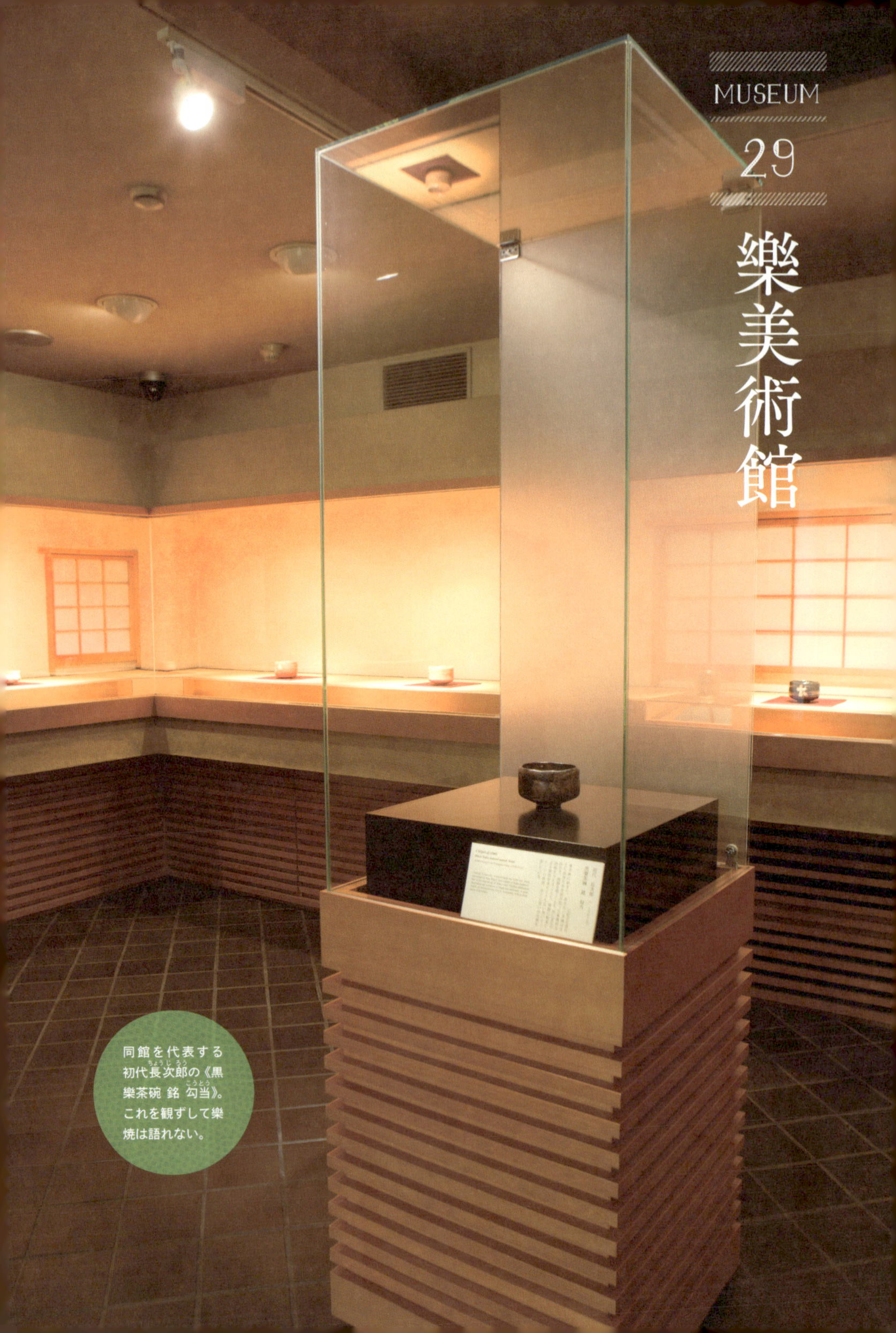

同館を代表する初代長次郎《ちょうじろう》の《黒樂茶碗 銘 勾当《こうとう》》。これを観ずして樂焼は語れない。

15代は調度品にも興味があり、展示室内に置く椅子もしつらえるという（写真上）。歴代作品と一緒にご覧あれ。霊峰富士を意匠に取り入れた10代旦入による《不二之絵黒樂茶碗》（写真右下）。八角形の形が珍しい展示ケース（写真左下）。展示には樂歴代作品を中心に、茶道関連の工芸品や古文書などが並ぶ。

## 450年の歴史が詰まった樂焼

樂焼は450年来の伝統をもつ京都を代表するやきものだ。桃山時代に樂家初代長次郎が茶人の千利休《せんのりきゅう》に見出され、侘茶のための茶碗を生み出したことが樂茶碗のはじまり。長次郎は装飾性や個性的な要素を捨象し、無作為といわれる独特な世界を創造した。それまでとは異なる方法論と技術でつくり出された長次郎の茶碗は、斬新な茶碗として「今焼」と呼ばれた。いまでいう現代アートと同じような意味合いだ。

同館は、樂焼の歴史や樂歴代の作品を紹介するために、14代覚入《かくにゅう》が1978年に設立。長次郎の茶碗を基本としながらも、各代は独自の作風をつくり上げた。15代吉左衛門の前衛的な作品をはじめ、各代の試みた表現やオリジナリティを同館で確かめることができる。

こだわりポイント!!

### 所蔵作品図録『定本　樂歴代』が自慢！

450年余の樂家歴代の作者と作品を紹介した327ページにもおよぶ図録。15代吉左衛門と次期16代樂篤人が執筆。

ロビーからは庭を眺めることができる。販売もしている書籍を読みながらゆったりと寛げる。

## あの樂焼に、実際に触れる!?

同館では「手にふれる美術館」という特別企画を定期的に実施している。普段は展示室のガラスケース越しでしか眺められないコレクションを、茶会や観賞会といったスタイルで、実際に手に取ってみることができる。

手にもったときの肌触りや重さ、におい、造形……、それは視覚だけでは決して味わえない鑑賞体験。視覚に加え、触覚や味覚、嗅覚もとり込む総合芸術たる茶の湯の鑑賞により近づけようとする、美術館の試みだ。参加は予約制なのでお早めに。

京都らしい建物外観に映える看板。

data

### 樂美術館《らくびじゅつかん》

京都市上京区油小路通一条下る

- ☎ 075-414-0304
- 10：00 ～ 16：30
  ※入館は閉館 30 分前まで
- 休 月曜（祝日の場合は開館）、展示替え期間
- ¥ 展示内容により異なる
- 市バス堀川中立売バス停から徒歩 3 分
- http://www.raku-yaki.or.jp/

展示室は椅子やソファも置かれ、ゆったりと鑑賞できる。

MUSEUM

30

# 中信美術館

やさしい橙色の建物と随所に観られる植物モチーフが、古きよき街並みに溶け込んでいる（写真右・左下）。

## 古都のいまを見守る企業のアート事業

京都御所近くの閑静な住宅街に、イタリア製の鉄扉、淡い橙色の外壁をもつ上品な洋館が現れる。京都中央信用金庫や公益財団法人中信美術奨励基金の収蔵品などを展示する美術館だ。館内に足を踏み入れると、大理石の階段や地中海地方の遺跡のような中庭の列柱、イタリア漆喰の白い壁などが観られ、落ち着いた雰囲気で穏やかな気持ちになる。

展示は京都や関西にゆかりのある作家を中心に、年5回の企画展を開催。これが入館料無料ではもったいないほど、上質なコレクションなのだ。日本画や洋画から、版画、彫刻、工芸まで分野も豊富。同財団は「京都美術文化賞」の授与や定期刊行物『美術京都』の発行など、文化事業にも力を注いでいる。

data

**中信美術館**《ちゅうしんびじゅつかん》

京都市上京区下立売通油小路東入西大路町 136-3

- ☎ 075-417-2323
- 10：00 ～ 17：00
  ※入館は閉館 15 分前まで
- 休 月曜、展示替え期間
- ¥ 入館料無料
- 市営地下鉄烏丸線丸太町駅から徒歩 10 分
- http://www.chushin-bijyutu.com/

若冲の手がけた《鹿苑寺大書院障壁画　月夜芭蕉図床貼付》。重要文化財。

MUSEUM

31

# 相国寺 承天閣美術館

## 室町時代から続く寺院の至宝を堪能

将軍・足利義満によって開かれた、臨済宗相国寺派の大本山、相国寺の境内にある美術館。創建600年の記念事業の一環として1984年に開館した。相国寺だけでなく、鹿苑寺《ろくおんじ》（金閣）や慈照寺《じしょうじ》（銀閣）など塔頭《たっちゅう》寺院の墨蹟、絵画、茶道具など国宝5点、重要文化財145点を収蔵保存、展示公開している。

江戸時代中期に活躍した「奇想の画家」として知られる伊藤若冲《じゃくちゅう》は熱心な仏教徒で、相国寺の住職と親しくしていたことから、若冲の障壁画や絵画作品が遺されている。彼の代表作でもある《鹿苑寺大書院障壁画》の一部、《葡萄小禽図《ぶどうしょうきんず》》は常設で展示されており、《月夜芭《げつやば》蕉図《しょうず》》は常設で展示されており、

若冲ファンは必ず訪れたい場所だ。また、茶道具のコレクションは不定期で公開（展示期間は要確認）。鎌倉時代に禅宗とともに日本に伝わった茶の文化は室町時代に発展、茶道が誕生した。そのため足利義満の庇護を受けていた相国寺には、由緒ある道具が揃っている。館内には茶人の金森宗和《かなもりそうわ》造と伝えられ、金閣境内に造られた数寄屋造りの茶室「夕佳亭《せっかてい》」も再現されている。この茶室内にて茶会を呈した茶道具の展示は、趣を感じさせてくれる。

写真上は伊藤若冲の人気作品《竹虎図　梅荘顕常賛》（鹿苑寺蔵）。同じく若冲筆による《鹿苑寺大書院障壁画　葡萄小禽図床貼付》（写真右下）。重要文化財。円山応挙も名作揃い。《大瀑布図》も重要文化財（写真左下）。※展観により展示作品は異なる。

data

## 相国寺《しょうこくじ》 承天閣美術館《じょうてんかくびじゅつかん》

京都市上京区今出川通烏丸東入

☎ 075-241-0423

10：00 ～ 17：00
※入館は閉館 30 分前まで

休 年末年始、展示替え期間

¥ 展示内容により異なる

市営地下鉄烏丸線今出川駅から徒歩 8 分

http://www.shokoku-ji.jp/

美術館は相国寺の境内にあり参拝がてら訪れたい。

こだわりポイント!!

### 茶室「夕佳亭」を常設展示

実際の茶会を想定した取り合わせで所蔵品の茶道具を展示しているので、どのような意図が込められた茶席なのか、想像してみるのも楽しい。
※展観により展示作品は異なる。

第一展示室内にある「夕佳亭」の再現。

# 有斐斎 弘道館

見学では抹茶と京菓子をいただける。自然の魅力あふれる庭園を眺めながらほっこりしよう。

掛け軸は日々のテーマに応じて掛け替えられる。この日は、藤田嗣治作品（写真左上）。外には茶庭が広がる（写真左下）。

## 江戸時代の学問サロンで知を学ぶ

弘道館とは、江戸時代の「道」を弘めることを目的とした大人向けの教育機関。ここは儒学者・皆川淇園による弘道館で、「有斐斎」は淇園の号のひとつ。淇園は開物学という独自の学問を創始する一方、詩文や書画にも通じていた風流人。同館はこの学問所址にある数奇屋建築を保存しつつ、淇園の精神を継ぐ文化サロンとして発足。

風情ある建物と庭園を歴史ある場所として守りながら、茶会や講演会、イベントを通じて、いまの時代に必要な知を学ぶ場所として再興している。現代アート展示やクリスマス茶会など、従来の価値観にとらわれないテーマが斬新。毎年秋には京菓子展を開催し、菓子文化を通じた伝統文化の普及にもとり組んでいる。

data

**有斐斎《ゆうひさい》 弘道館《こうどうかん》**

京都市上京区上長者町通新町東入ル
元土御門町 524-1

- 075-441-6662
- 10：00 ～ 17：00　※要予約
  ※入館は閉館 30 分前まで
- 休 水曜（祝日の場合は開館）
- ¥ 茶菓子付き見学 1000 円（要予約）
- 市営地下鉄烏丸線今出川駅、丸太町駅から徒歩 8 分
- http://kodo-kan.com/

MUSEUM
33

# 安達くみひも館 くみひも資料展示館

京都の文化を支えてきた、組み紐の魅力を展示・体験などから堪能できる。

展示風景（写真右下）。展示には、法隆寺や正倉院などの復元品など貴重なものもある。写真左下は建物の外観。

## 日常生活にいきる京都の伝統美

着物の帯締めや刀の装具など、京都の伝統文化を実用面で支えてきた組み紐。基本的な組み方だけで約40種類、柄の種類などを含めると、3000種類以上にものぼるデザインがある、というから驚き。この組み紐の歴史と文化、奥深い世界を学べるのが同館。組み紐をつくる組台をはじめ、昔の組み紐や道具、関連文献などを収蔵・展示しており、なかでも人間国宝・十三世深見重助の作品は見ものだ。

組み紐は伝統工芸と思いがち。だが、いまもストラップやブレスレットなどにアレンジされ、日々の生活の中で使われているすぐれもの。同館では、1時間ほどで自分のアイデアをいかした組み紐をつくれる体験会も実施している（要事前予約）ので、ぜひお試しあれ。

data

**安達くみひも館**
**くみひも資料展示館**
あだちくみひもかん　くみひもしりょうてんじかん
京都市上京区出水通烏丸西入中出水町 390

- ☎ 075-432-4113
- 9：00 ～ 16：00
- 休 不定休、年末年始
- ¥ 一般 500 円ほか
- 市営地下鉄烏丸線丸太町駅から徒歩 5 分
- http://www.adachikumihimokan.com/

MUSEUM
34

# 虎屋 京都ギャラリー

虎屋菓寮の内観。約600もの書籍を読みながら、和菓子を楽しめる。 Photo：a.fukuzawa

展示風景（写真左上・下）。日本文化や和菓子にまつわる展示をおこなっている。

## 老舗の和菓子店で歴史と文化を知る

羊羹《ようかん》で有名な和菓子の老舗・虎屋が、発祥の地である京都に開館させたギャラリー。京都で活躍した文人画家の富岡鉄斎《とみおかてっさい》の作品や、千家十職《せんけじっしょく》による茶道具・工芸品、和菓子に関連する道具類など、5世紀にわたる歴史を物語るコレクションを随時展示している。また、日本文化や和菓子にかかわる企画展やイベントを開催している（不定期なので、詳細はHPを要確認）。

建築家の内藤廣《ひろし》が設計した建物は地域の環境になじんだ和の雰囲気。外壁にはタイルが用いられている。鑑賞後は、隣接された虎屋菓寮へ。四季折々の表情を見せる庭を眺めたり、菓子にまつわる本を読んだりしながら、季節の和菓子や抹茶を楽しめる。

data

**虎屋《とらや》 京都ギャラリー《きょうとぎゃらりー》**

京都市上京区一条通烏丸西入広橋殿町 400

- 075-431-4736
- 展示内容により異なる
- 展示期間はウェブサイトを要確認
- 入館料無料（イベントは有料）
- 市営地下鉄烏丸線今出川駅から徒歩 7 分
- https://www.toraya-group.co.jp/

人気メニューのあんみつ。

# ザ・パレスサイドホテル

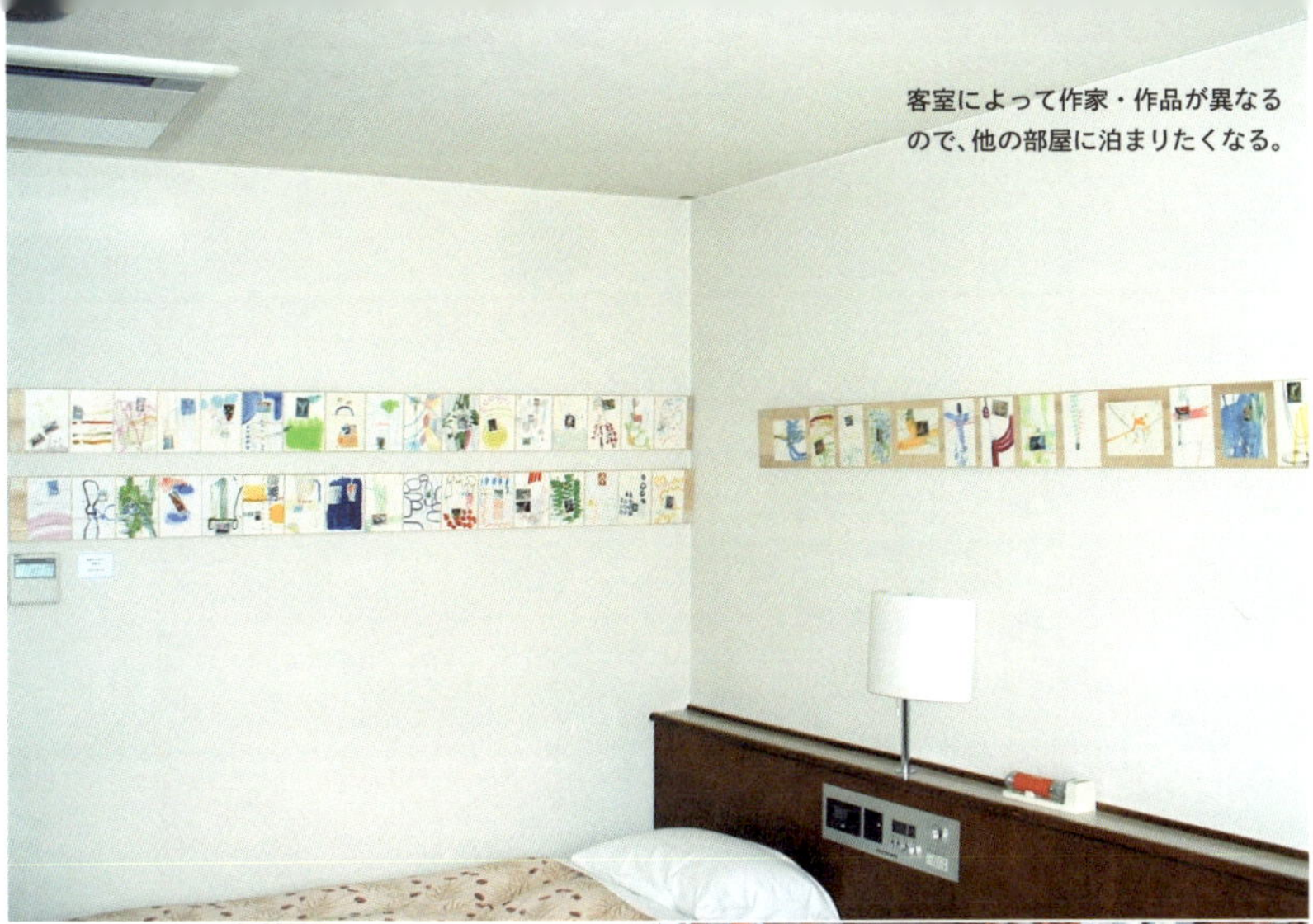

客室によって作家・作品が異なるので、他の部屋に泊まりたくなる。

ショップでは京都土産と一緒にアーティストグッズも販売（写真右下）。エントランス向かって右には期間限定のギャラリー（写真左下）。

## アーティストの作品をひとり占め

京都御所のすぐ西側にある、観光にもビジネスにも最適なホテル。約半数の客室に、京都で活躍する作家の作品を展示している。つまり、その部屋に宿泊した人だけが、その作品を鑑賞できるというわけだ。誰にも邪魔されず、好きなだけ眺めながら、ゆっくり過ごせる。

　これは、作家が客室に数日滞在して、その客室に飾る作品を仕上げるというアート・イン・トランジットのプロジェクトで始まったもの。作品は宿泊客が心地よく過ごせるための展示にする、という条件があり、そこがギャラリー展示とは大きく違うところ。

　ロビーのギャラリーも、一カ月単位で京都ゆかりの作家を紹介。ちなみに、ホテルのアートは若手作家との活動が多いMATSUO MEGUMI + VOICE GALLERY pfs/w の監修によるものだ。

data

**ザ・パレスサイドホテル《ざ・ぱれすさいどほてる》**

京都市上京区烏丸通下立売上る桜鶴円町 380

- ☎ 075-415-8887
- 展示期間はウェブサイトを要確認
- 休 展示期間はウェブサイトを要確認
- ¥ 展示内容により異なる
- 市営地下鉄烏丸線丸太町駅から徒歩 3 分
- http://www.palacesidehotel.co.jp/

MUSEUM

36

# 茶道資料館・今日庵文庫

## 茶の湯を通して日本を知る

　茶の湯に関する企画展を開催し、掛物、茶碗、花入などの茶道具や関連の美術工芸品、文献史料などを中心に展示している美術館。2階陳列室には、裏千家を代表する茶室のひとつ「又隠」の写しが設けられていて、茶室内を見学することができる。

　展覧会の入館者には無料の呈茶があり、抹茶と和菓子を楽しめる。椅子に腰かける立礼形式で、希望があれば点前や、作法の説明も受けられる。

　このほか、裏千家の歴代家元が収集した茶道に関する図書、雑誌、映像資料など約6万点を収蔵する茶の湯の専門図書館「今日庵文庫」が併設されている。閲覧室は一般にも開放していて手続きをとれば誰でも閲覧できる。入館無料なので、ぜひ利用したいところだ。

呈茶席は行事などで点前ができない日もあるので事前に確認を。

1階陳列室風景（写真右上）。今日庵文庫の書籍は館外貸出は不可なのでご注意（写真右下）。

data

**茶道資料館・今日庵文庫**《ちゃどうしりょうかん・こんにちあんぶんこ》

京都市上京区堀川通寺之内上る
寺之内竪町 682 裏千家センター内

- ☎ 075-431-6474（茶道資料館）
  075-431-3434（今日庵文庫）
- 9：30 ～ 16：30（茶道資料館）
  展示期間はウェブサイトを要確認
  ※入館は閉館 30 分前まで※呈茶 10:00 ～ 16:00
  10:00 ～ 16:00（今日庵文庫）
- 休 月曜（祝日の場合は翌日）、年末年始、
  展示替え期間（茶道資料館）
  土・日曜、祝日、年末年始（今日庵文庫）
- ¥ 一般 1000 円ほか（特別展）、
  700 円ほか（通常展）
- 市バス堀川寺ノ内バス停から徒歩 3 分
- http://www.urasenke.or.jp/textc/gallery/tenji/index.html

MUSEUM

37

# ギルドハウス京菓子 京菓子資料館

和菓子の型や製作過程を写真や資料でわかりやすく展示。

糖芸菓子の華燭《かしょく》（写真左上）。お菓子でできているとは思えない精巧さ。祥雲軒は椅子席なのがうれしい（写真左下）。

## 京菓子の歴史と美を知る、味わう

歴史深い古都で、独自の趣をもって生まれ愛されてきた献上菓子の京菓子。1755年創業の俵屋《たわらや》吉富《よしとみ》は、そんな京菓子屋の老舗。この京菓子の歴史と美しさを堪能できる資料館が、同店の烏丸店に併設されている。

常設展示の「糖芸《とうげい》菓子」は必見。京都の菓子職人が腕を振るい、花鳥風月に因んだ優美な意匠をこらした菓子である。和菓子に関する資料も多数展示されていて、唐菓子の模型や国内外の菓子を描いたイラストなどは、絵画的な観点から観てもすばらしい。

1階のお呈茶席「祥雲軒《しょううんけん》」では、季節の生菓子を宇治の抹茶とともにいただける。ちいさな茶室「明清庵《めいせいあん》」も、季節ごとに茶道具や掛け軸などを変えているので見逃さないように。都会の喧騒を忘れさせてくれる空間だ。

data

**ギルドハウス京菓子《ぎるどはうすきょうがし》 京菓子資料館《きょうがししりょうかん》**

京都市上京区烏丸通上立売上る

- ☎ 075-432-3101
- 10：00～17：00
- 休 水曜、年末年始
- ¥ 入館料無料
  ※お呈茶席は有料（一般 700 円ほか）
- 市営地下鉄烏丸線今出川駅から徒歩 5 分
- http://www.kyogashi.co.jp/shiryokan/

頭を入れて香りを楽しむ「かおりのBOX」は、3つとも違う香りで満たされている。

MUSEUM
38

# 松栄堂薫習館

## 無料で香りの魅力に触れられる

烏丸二条に約300年前に創業したお香の専門店、松栄堂《しょうえいどう》が開いた香り文化の情報発信拠点。1階の体験スペース「Koh-labo 香りのさんぽ」は、散歩をするように香りに出会うことができる展示空間だ。

天井から吊り下げられた3つの「かおりBOX」は、それぞれ違う香りで満たされており、頭から大胆に入るとその香りに包みこまれるような感覚になる。また、自分でエアポンプを押して吹き出させることで、竜《りゅう》脳《のう》や桂皮《けいひ》などお香に使われている原材料の香りを体験する「香りの柱」や、甘さ、酸っぱさ、苦さなど異なる香りが詰まったシリコンボトルを嗅ぎ分けるコーナーなど、多様な切り口で香りを楽しめる展示が揃う。

年間を通じて企画展やワークショップ、ときには写真展なども開催される「松吟ロビー」、松栄堂所蔵の香りに関する資料を展示する「松寿文庫展示室(企画展開催期間のみオープン)」など、香りそのものだけでなく、香りに関連する文化にも触れることができる。ショップのある本店と直結し、建物内で行き来ができる。展示内で気に入った香りが使われているお香をすぐ買い求めることも可能だ。

写真上は松吟ロビー。１階「Koh-labo 香りのさんぽ」は散歩するようにさまざまな香りに触れ合えるスペース。白いラッパ（写真右下）に鼻を近づけてみると……。香りに関する資料を展示する松寿文庫展示室。企画展を年に数回開催している（写真左下）。

data

## 松栄堂《しょうえいどう》 薫習館《くんじゅうかん》

京都市中京区烏丸通二条上ル東側

075-212-5590

10:00 ～ 17:00

不定休

入館料無料

市営地下鉄烏丸線丸太町駅から徒歩３分、市営地下鉄烏丸線・東西線烏丸御池駅から徒歩５分

http://kunjyukan.jp/

こだわりポイント!!

### 松栄堂のお香も手に入る

同館は京都本店が隣接。香りと巾着を選んで自分だけのオリジナル匂い袋を作れるほか、松栄堂の商品を購入できる。

column 二

[ KYOTO TRADITIONAL ART GOODS I ]

# 伝統工芸品をアートグッズ感覚で

京の都では今も多くの職人さんが活躍し、数々の伝統工芸が息づいている。伝統工芸品は精巧で美しいけれども、ちょっとお値段が……と思う人も多いはず。このページでは、伝統の技を受け継ぎつつも、美術館のアートグッズ感覚で楽しめる商品を販売している老舗ショップをご紹介。

唐紙版木がスタンプに！ 各3888円（税込）／写真上。便箋やノートにポンと押せば、オリジナルの風景画が広がる。グリーティングカード。各864円（税込）／写真下のほか、ポストカードやポチ袋も。

版木から生まれる和の文様を

## 四条烏丸 京からかみ 丸二《まるに》 唐丸《からまる》 map.51

中国から伝わった唐紙《とうし》は、日本でも平安時代に寝殿造のふすま障子に使われた高級な細工紙。京都で唐紙を作る「京からかみ　丸二」は、朴の木の版木から刷り出す手法を代々受け継いでる。インテリアはもちろん、ハガキや文具としても気軽に楽しめる。

DATA
☎ 075-361-1324
🕒 10：00～17：30
㊡ 月・日曜、祝日
🌐 http://www.karamaru.kyoto/

和の色は約1200色にもおよぶ。ひと口に赤といっても数種類あり、日本画らしい細やかな色使いができる。艶紅《つやべに》や雲母《うんも》など趣ある色名も素敵。1本1300円（税込）から。

日本画画材の岩絵具がネイルに

## 四条烏丸 上羽絵惣《うえばえそう》 map.51

宝暦元（1751）年に京都で生まれた絵具屋。日本画絵具専門店として胡粉や泥絵具、棒絵具などを商うかたわら、胡粉を使用したネイルを開発。日本古来の色がもつ色味と有機溶剤を使わない仕様で、見た目にも爪にもやさしいネイルとして大好評。

DATA
☎ 075-351-0693
0120-399-520
🕒 9：00～17：00
㊡ 土・日曜、祝日
🌐 https://www.gofun-nail.com/

small museums in kyoto

6

# 白川通りエリア

shirakawa street

① 白沙村荘 橋本関雪記念館
② ユキ・パリスコレクション
③ 野村美術館
④ 泉屋博古館
⑤ 無鄰菴

ちいさな作品も
見逃さないで！

展示内容によって、開館時間や入館料金が異なることがあります。
お出かけ前に、各館の公式ウェブサイトをご確認ください。

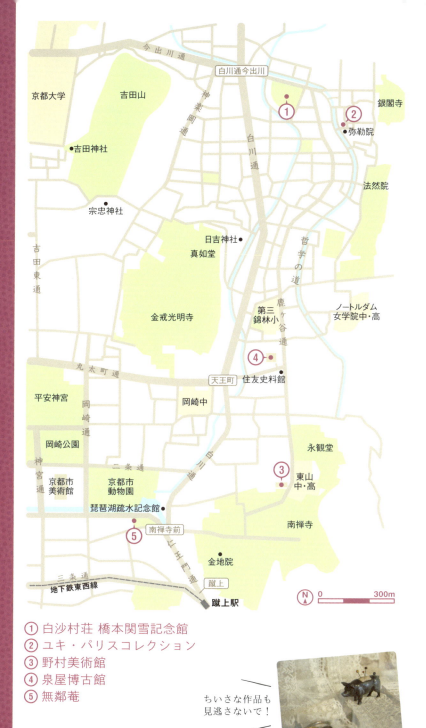

MUSEUM

39

# 白沙村荘 橋本関雪記念館

夏季展示の展示風景（2015年5～6月開催）。画稿やスケッチなどを展示。

1. 2階展示室からは庭園と東山の景色を一望できる。テラス席から眺めることも可能。
2. 画室「存古楼」の窓からは、季節ごとに移ろう自然の美を眺められる。立つ場所や目線の位置で見え方も変わってくる。
3. 茅葺き屋根のあるあずまや。7400平方メートルにもおよぶ池泉回遊式庭園のなかにある。
4. 図録や関連書籍、ハガキなどグッズも揃っている。鑑賞の記念にどうぞ。

## 日本画家がこだわった究極のアトリエ

日本画家、橋本関雪の邸宅「白沙《はくさ》村荘《そんそう》」内にある美術館。2014年秋に新館がオープンした。関雪作品を常設展示する1階と、企画展やイベントなどをおこなう2階、コレクションなどの展示をおこなう別棟で構成されている。関雪は明治から昭和にかけて京都画壇で活躍した。画風は四条派の流れを汲みつつ、狩野派や土佐派また大陸の北画、南画など諸派の古典絵画を網羅した新南画である。晩年には動物画の優品を多く遺した。

2階のテラスからは、桜や大文字・東山の山並みが広がる。関雪も愛でたであろう絶景をゆったりと堪能しよう。広大な庭園には、関雪の設計による茶室や画室もある。

こだわりポイント!!

### 和・洋食の食事でゆったり休憩

敷地内には、和食の食事処「はしもと」と洋食の「ノアノア」がある。写真は「はしもと」のメニュー一例。

庭園内にある「藪《やぶ》の羅漢《らかん》」。関雪が集めた石仏・石像が、持仏堂を見守るようにして佇んでいる。

## 作品だけではなく庭園もゆっくりと

日本画家の関雪にとって絵を描くことは全身全霊を使うことだった。集中力を途切れさせず、かつ新しい美のエッセンスをいつも取り入れられるように、生活そのものが創作活動に直結していた。だから画室をとり巻く環境を重要視し、作庭には特別な思いを込めたようだ。

庭は散策して回るとよいが、画室「存古《ぞんこ》楼《ろう》」からの眺めこそ真骨頂といえる。パノラマのように広がる景色を前に、絵筆をとった関雪の姿を想像すると、この庭の魅力もより深く味わえるだろう。

「藪の羅漢」から少し離れたところにも、お釈迦様がさりげなく座っている。

data

**白沙村荘 橋本関雪記念館**
はくさそんそう はしもとかんせつきねんかん
京都市左京区浄土寺石橋町 37

- 075-751-0446
- 10：00 ～ 17：00
  ※入館は閉館 30 分前まで
- 休 無休（季節によって休館あり）
- ¥ 一般 1300 円ほか
  （庭園への入園料込み）
  ※特別展開催時は別料金
- 市バス銀閣寺道バス停から徒歩すぐ
- http://www.hakusasonso.jp/

MUSEUM
40

# ユキ・パリスコレクション

展示品は大変精緻な作品や道具類、資料など幅広い。一日観ていても時間が足りないほど。

細かい手仕事の一目一目を間近に眺められる（写真右下）。展示室にはところ狭しと収蔵品が並ぶ（写真左下）。

## ていねいな針仕事に癒されて

レースや刺繍などヨーロッパの針仕事の魅力に触れられる。オーナーのユキ・パリスが、デンマークに移住して以来、各地で集めた手芸作品や道具、資料を展示するために、２００２年に開館。銀閣寺近く、哲学の道より少し山に向かって入ったところにある築１００余年の日本家屋を改築してオープン。１階にはアンティークショップを併設。

内容・展示数の多さは、圧巻のひと言だ。展示品は16〜20世紀までの約４００年間に、実際にヨーロッパ各地でつくられ受け継がれてきた作品や道具類。ハンカチやショール、帽子、バッグなどファッション小物から、食卓・キッチンまわり、寝具・ベッドカバー、インテリア用品までさまざま。常設展に加え、春・秋・クリスマスの年３回、特別企画展が開催されている。

data

**ユキ・パリスコレクション**《ゆき・ぱりす これくしょん》

京都市左京区浄土寺南田町 14

- 075-761-7640
- 11：00 〜 18：00
- 休 水・木曜、夏期（8 月）、年末年始
- ¥ 一般 600 円ほか（2 階ミュージアムのみ）
- 市バス銀閣寺前バス停から徒歩 5 分
- http://yuki-pallis.com

MUSEUM

41

# 野村美術館

経済界の大物が集めた珠玉のコレクションを愛でつつ、大人のセンスを磨いてみたい（写真上）。写真右下は席飾。徳七は藪内流の茶道を習っていたという。写真左下は外観。

## 近代数寄者のセンスに触れる

東山の山すそに広がる、風光明媚で静かな南禅寺畔。この地に、野村證券や旧大和銀行などの一大財閥を築いた野村徳七《とくしち》が集めた珠玉のコレクションを鑑賞できる美術館がある。徳七は得庵《とくあん》という号で、茶の湯や能楽などに親しんだ数奇者でもあった。南禅寺畔に別邸を構えて趣味を極め、茶道具や能面、能装束など多数の美術品を収集。１９８４年の開館後は、収蔵品をもとに、春・秋季の年２回、テーマを変えて公開されている。

館内にはふたつの展示室と、立礼茶席がある。立礼茶席は椅子席なので、正座が苦手という人や茶道の作法をあまり知らない人にはうれしい。京老舗の季節の上生菓子と宇治の抹茶を堪能できる。美術鑑賞の合い間にどうぞ。

data

**野村美術館**
のむらびじゅつかん
京都市左京区南禅寺下河原町 61

- 075-751-0374
- 10：00 ～ 16：30（3 月上旬～ 6 月上旬、9 月上旬～ 12 月上旬のみ開館）
  ※入館は閉館 30 分前まで
- 休 月曜（祝日の場合は翌日）
- ¥ 一般 800 円ほか
- 市バス南禅寺・永観堂道バス停から徒歩５分
- http://nomura-museum.or.jp/

立礼茶席は別途700円が必要になる。時間は10～16時までなので注意。

MUSEUM

42

# 泉屋博古館

展示室内には青銅製品がずらりと並ぶ。

## 住友家が守り続けた名品を公開

同館のある鹿ケ谷《ししがたに》の地は、住友グループの基礎を築いた住友家15代当主、住友春翠《しゅんすい》が別荘として求めた土地。彼が収集した中国青銅器と鏡鑑を核に、日本・中国の絵画や書跡、茶道具などの美術工芸品が収蔵・展示されている。

建物は青銅器と鏡鑑を展示した青銅器館と、そのほかの美術品で企画展をおこなう2号館からなり、両館をつなぐアプローチからは、大文字山をのぞむことができる。ガラスや石などの自然素材を組み合わせた直線的な建物が魅力的。

泉屋は江戸時代の住友家の屋号、博古は900年前に中国で編纂された青銅器の図録『博古図録』にちなんだ名。美術館の前にある庭および中庭は、京都を代表する作庭家、11代小川治《じ》兵衛《へえ》（植治《うえじ》）が手がけた。

青銅器展示室（写真上・右下）。人気グッズの青銅器フィギュア（写真左下）。手前から時計回りに、虎卣《こゆう》、虎鎛《こはく》、鴟鴞尊《しきょうそん》。

data

**泉屋博古館**
せんおくはくこかん

京都市左京区鹿ヶ谷下宮ノ前町 24

☎ 075-771-6411

10：00～17：00
展示期間はウェブサイトを要確認
※入館は閉館 30 分前まで

休 月曜（祝日の場合は翌平日）、展示替え期間

¥ 一般 800 円ほか

市バス宮ノ前町バス停から徒歩すぐ
東天王町バス停から徒歩 3 分

https://www.sen-oku.or.jp/kyoto/

大文字山をのぞむ中庭。

MUSEUM

43

# 無鄰菴

洋館２階の「無鄰菴会議」がおこなわれた部屋。江戸時代初期の狩野派が描いた《金碧花鳥図障壁画》が荘厳。

東山の稜線がダイナミックな借景。

## 近代日本庭園の傑作

明治・大正期、元老として日本の政治を動かした山縣有朋《やまがたありとも》。彼が愛した別荘が京都に残っている。木造の母屋と藪内流燕庵《やぶのうちりゅうえんなん》を模してつくられた茶室、煉瓦造洋館からなり、洋館2階には、「無鄰菴会議」の開かれた部屋がある。日露開戦直前、山縣のほか、伊藤博文、桂太郎、小村寿太郎ら政治家が集い、日本の外交方針を話し合った。

いまは、そんな歴史を動かした会議がおこなわれていたことも信じられないほど、穏やかな時間が流れ、庭園を歩けば、気持ちもリラックス。カフェでのんびりもできる。庭園は山縣自ら設計・監督をし、名造園家・七代目小川治兵衛《おがわじへえ》が作庭した。東山を借景に、疏水の水をとり入れた三段の滝や池、芝生を配している。

data

**無鄰菴**
むりんあん
京都市左京区南禅寺草川町 31

- ☎ 075-771-3909
- 9：00～18：00（4～9月）
  9：00～17：00（10～3月）
- 休 年末年始（12 月 29 ～ 31 日）
- ¥ 一般 410 円ほか　抹茶は 600 円
- 市営地下鉄東西線蹴上駅から徒歩 7 分
- https://murin-an.jp/

庭園から母屋をのぞむ。母屋のなかから眺めた庭園も見事。

# 下鴨神社・叡電沿いエリア

shimogamo shrine, eiden along

① 駒井家住宅
② 京都ギリシアローマ美術館
③ 京都工芸繊維大学 美術工芸資料館
④ アンスティチュ・フランセ関西ー京都
⑤ 恵文社一乗寺店 ギャラリーアンフェール

階段のステンドグラスや手すりにも注目

展示内容によって、開館時間や入館料金が異なることがあります。
お出かけ前に、各館の公式ウェブサイトをご確認ください。

MUSEUM 44

# 駒井家住宅

ダーウィンの温室をヒントにつくられたといわれている。イベント時には窓から庭をゆっくりと見学できる。

２階の椅子に腰かけると目の前には東山の大文字！（写真右下）。書斎の窓からは、春に桜の開花も（写真左下）。

## "日本のダーウィン"のお宅訪問

かつて「学者村」と呼ばれた北白川の閑静な住宅地に、「日本のダーウィン」こと、動物遺伝学・動物分類学の権威、駒井卓博士の元・私邸がある。建築家W・M・ヴォーリズが円熟期に、駒井夫妻のために建てた洋館で、家具もほぼ当時のまま、2004年から一般公開されている。

夫妻が過ごしやすいように、ヴォーリズが随所にとり入れた住宅の工夫がいまも残されている。たとえば、静江夫人が着物を着たまま上れるように段差を低くした階段、湿気の多い気候を配慮してこしらえた屋根裏部屋、靴のお手入れグッズを隠して収納できる玄関脇の引き出し……など。夫妻がいまもこの住宅で過ごしているような温かみと住まいへの愛情を感じる名建築である。

data

**駒井家住宅《こまいけじゅうたく》**

京都市左京区北白川伊織町 64

- 075-724-3115　※開館日のみ
- 10：00 ～ 16：00（金・土曜のみ開館）
  ※入館は閉館 1 時間前まで
- 休 夏季（7月第 3 週～ 8 月末）、
  冬季（12月第 3 週～ 2 月末）
- ¥ 一般 500 円ほか
- 叡山電車茶山駅から徒歩 7 分、
  市バス伊織町バス停から徒歩 2 分
- http://www.national-trust.or.jp

庭にぽつんと現れる猫のオブジェ。駒井博士は猫が好きだったのかも。

MUSEUM

45

# 京都ギリシアローマ美術館

作品だけではなく、建物や家具など、日本にいることを忘れてしまいそうな雰囲気に包まれている。

きれいに保存されている作品をじっくりと鑑賞でき、解説もわかりやすい(写真右下)。写真左下はエントランス。

## 古代ギリシア・ローマの美をじっくり堪能

大学や植物園などの立ち並ぶ閑静な住宅街、北山。この街の小道を入った先に、さりげなく現れるヨーロッパ風の看板と洋館。古代ギリシア・ローマ美術を公開している私設の美術館だ。館長夫妻が40年以上にわたって集めたセンスあふれるコレクションが展示されている。

入ってまず目に飛び込んでくる、古代ローマの大理石彫刻トルソーやローマ初代皇帝アウグストゥス帝の胸像などの彫刻群。その光景に圧倒される。展示は彫刻から陶器、装身具、モザイク、壺絵、民族衣装など90点。4階休憩室では、作品を眺めながらのティータイムでひと息。目の前には東山や大文字山などの絶景が広がる。誰かに自慢して教えたくなる、とっておきの美術館だ。

data

**京都ギリシアローマ美術館**《きょうとぎりしあろーまびじゅつかん》

京都市左京区下鴨北園町 1-72

☎ 075-791-3561

10：00 ～ 17：00

休 月曜（祝日の場合は翌日)、年末、1・2 月

¥ 一般 1000 円ほか

市営地下鉄烏丸線北山駅から徒歩 10 分、市バス北園町バス停から徒歩 2 分

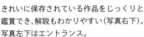

MUSEUM

46

# 京都工芸繊維大学 美術工芸資料館

ギャラリー内にはポスターの展示が広がる。

写真右下は、2015年3～6月開催の「ハンガリーのデザイン～ジョルナイ工房の陶磁器と映画ポスター～」の展示風景。写真左下は24種類あるポストカードの一例。

## ポスターの古今東西を知るなら、ここへ

大学構内にある博物館で、なによりも約2万点におよぶポスターコレクションが秀逸。アール・ヌーヴォーやアール・デコなど近現代の貴重な作品に出会える。絵画や彫刻、金工・漆工、陶磁器、染織、考古品など多彩な美術工芸資料は、同大学の前身・京都高等工芸学校が、教育用の資料として集めたものが基盤となっている。創設時の教授であった画家の浅井忠らの作品、ティファニーのガラスなども必見。

最近では、詩人・谷川俊太郎寄贈の1920～70年代のラジオや、建築家・村野藤吾の建築図面などもあり、同館ならではのコレクションを形成しつつある。大学内にあるので、若さあふれるキャンパスの雰囲気も一緒に楽しみたい。

data

**京都工芸繊維大学《きょうとこうげいせんいだいがく》　美術工芸資料館《びじゅつこうげいしりょうかん》**

京都市左京区松ヶ崎橋上町

075-724-7924

10：00～17：00
※入館は閉館30分前まで

休 日曜、祝日、展示替え期間、夏季休業期間、年末年始、その他大学が定めた日

¥ 一般200円ほか

市営地下鉄烏丸線松ヶ崎駅から徒歩8分

http://www.museum.kit.ac.jp/

資料館はキャンパスのほぼ中央に位置する。

MUSEUM

47

# 恵文社一乗寺店 ギャラリーアンフェール

ギャラリーは地元の学生から
プロの作家まで幅広く展示。

生活館ミニギャラリー（写真右下）。写真左下は外観。京都のガイドブックにもよく掲載され、観光スポットとなっている。

## 街の雰囲気まで変えた書店

京都には個性的な書店が多い。こちらは、そのなかでも代名詞的な存在。スタッフが厳選した書籍が並び、写真集、デザイン、アート関連も充実。

併設されたギャラリーがまたおすすめ。展覧会からマルシェのような即売イベントまで、幅広く展開している。「生活館」のフロアは2006年にスタート。日々の生活を彩ってくれるような衣食住にまつわる書籍と、関連したデイリー雑貨をセレクトして置いている。

元々はちょっとマニアックな書籍と雑貨を扱う街の小さな書店という感じだったが、店舗面積を広げるたびに、趣味色が濃くなり、それがまた評判を呼んだ。オリジナルグッズやおしゃれな生活工芸品まで揃うセレクトショップでもある。お店の変化に伴い、近くにカフェも増えたので、散策と一緒にどうぞ。

data

**恵文社一乗寺店**
**ギャラリーアンフェール**
けいぶんしゃいちじょうじてん　ぎゃらりーあんふぇーる
京都市左京区一乗寺払殿町 10

- 075-711-5919
- 10：00 ～ 21：00
（展覧会最終日～ 16：00）
- 休 年中無休（元旦をのぞく）
- ¥ 入館料無料
- 市バス高野バス停から徒歩 5 分
- http://www.keibunsha-store.com/

図書室に描かれたイラストはリュシー・アルボンによるもの。2009年、京都滞在時に描かれた。

MUSEUM 48

# アンスティチュ・フランセ関西－京都

## アートに開かれた語学のアカデミー

同施設は知的でオシャレな雰囲気で満たされている。フランス語を学ぶための文化機関で、東京や大阪、福岡、横浜にもある。

ここの3階のサロンで興味深いアートイベントが開催されたり、1階のホールで映画が上映されたりする。ほかにも、パフォーマンスやコンサート、食のイベントなど、幅広くフランスの「今」を紹介している。ここでしか出会えないアートには定評がある。1階にあるカフェや図書室は一般の人も利用できる。1階ホール入口横の壁には、画家・藤田嗣治の《ノルマンディーの春》が飾られている。藤田から寄贈された作品とのことだ。

建築も、椅子や階段・窓など内装にも芸術的な要素が散りばめられている。門戸が広く開かれたアカデミーのなかを探索してみよう。

こだわりポイント!!

## 夜のアートイベントに力を入れてます！

フランスなどヨーロッパでは、オールナイトでアートやパフォーマンスを楽しむイベントがある。同館では、パリ発の夜型アートイベント「ニュイ・ブランシュ KYOTO」を京都市とともに実施。写真は2018 年のニュイ・ブランシュでおこなわれた、クレダ＆プティピエールによる「レ・ベニュール」のパフォーマンス。

data

### アンスティチュ・フランセ関西―京都《あんすてぃちゅ・ふらんせかんさい―きょうと》

京都市左京区吉田泉殿町 8

☎ 075-761-2105

ライブラリー　9：30 ～ 20：30
（土曜～ 19：00、日曜 10：00 ～ 16：00）
カフェ　11：30 ～ 16：00
（土曜 9：30 ～ 17：00、日曜～ 15：00
L.O.30 分前まで）

休 月曜、祝日

¥ 入館料無料

市バス京大正門前バス停から徒歩すぐ

https://www.institutfrancais.jp/kansai/

藤田嗣治の油彩画《ノルマンディーの春》（1936年）。

設立者ポール・クローデルの彫像は図書室を見守っているかのよう（写真上）。3階へ上がる階段もアーティスティック（写真中）。カフェはワインがおすすめ（写真下）。

# Special 2

京都だから……庭もアート

## 庭もじっくりゆっくり観てほしい美術館

京都の見どころといえば庭園。
美術館も、大小さまざまな庭園をもっている。
季節ごとに表情を変える「アート」、
庭園もじっくり時間をとって「鑑賞」してほしい。

注目 POINT No.1

### 室内から眺めるべし

庭園内を散歩するのもよいが、建物をつくった人も、庭園を手がけた人も、室内からの眺めを意識しているのがおもしろい。立ったり座わったり視線の高さを変えると、庭園の見え方も変わる！

注目 POINT No.2

### 足元を観てみるべし

背の高い植物や彩り華やかな花は、もちろん庭園の見どころ。でも、足元にも視線を移してみて。京都の庭園は苔が見事だが、作庭家は苔の種類にもこだわって庭をつくっているそう！

# 重森三玲庭園美術館

作庭家　重森三玲
作庭年　1970年

庭園を書院からのぞむ（写真右）。屋内から堪能することが計算されている。庭園を違う角度から眺めてもおもしろい（写真左）。茶席の好刻庵からの景色。

## 伝統とモダンが融合した庭園美

京都の東福寺《とうふくじ》や光明院《こうみょういん》などの寺社仏閣の庭園を手がけた、昭和を代表する庭園家・重森三玲《しげもりみれい》。その旧宅の一部を予約制で一般公開している。重森は、力強い石組みとモダンな苔で構成された枯山水庭園《かれさんすいていえん》を得意とするが、ここの庭園は、江戸期の建築と調和させた暮らしやすさを考慮した佇まい。それは、茶を中心にした日々の生活に沿ったものだという。

もともと重森三玲旧宅は、吉田神社の神官の邸宅であった。これを譲り受けて、新たに自ら設計してふたつの茶席を建て、書院前庭や茶庭、坪庭も設けた。旧宅の庭園は中央に蓬莱島、東西に方丈、瀛州、壷梁の三島を配した枯山水庭園。実際に、歩いて鑑賞するのもよいが、部屋の内部や縁側から鑑賞するのもおすすめ。

重森が建てたふたつの茶席のうち、好刻庵《こうこくあん》は見学可。大きな市松模様で波を描いた襖など、重森のモダンな美的感覚を垣間見られる。庭園を学ぶ前は、茶の湯や生け花に造詣が深かった彼らしい。

茶席の好刻庵は1969年建立。

data

### 重森三玲庭園美術館
しげもりみれいていえんびじゅつかん

京都市左京区吉田上大路町 34

map.41

☎ 075-761-8776

11:00～／14:00～
※要予約

休 月曜、年末年始、特別行事開催時

¥ 一般 900 円ほか

市バス京大正門前バス停から徒歩 10 分

http://www.est.hi-ho.ne.jp/shigemori/

# 並河靖之七宝記念館

作庭家　七代目　小川治兵衛
作庭年　1894年

## 庭 garden

京都を代表する作庭家・植治こと七代目・小川治兵衛が庭園を手がけた。並河と隣同士で親しかったという。庭園は、琵琶湖疏水を利用している。池のなかの石で家屋の柱を支えているのだが、これは池に浮かぶ島をみたてたもの。ぜひ邸宅のいろいろな場所から眺めて。

## 美術館 museum

明治期から大正期にかけて活躍した七宝家・並河靖之の旧邸を公開し、当時の佇まいのなかで並河七宝を展示している。並河の七宝は海外に多く渡っているため、とても貴重。

写真右、展示室風景。
左は過ごした邸宅。

窯場も拝見。

邸宅から眺める庭園。

オリジナルグッズの
クリアファイル（表・裏）。

## 海外からも愛された七宝家の邸宅

日本を代表する七宝家であり帝室技芸員にも任命された並河靖之の自宅兼工房を、美術館として公開。並河七宝の職工たちが微細な手作業からつくり出す、繊細で優美な七宝は日本のみならず、世界からも「Namikawa」と認知され求められた。花鳥風月を題材にした美しいデザインを得意としているが、それもこの自宅を訪れてみれば納得がいく。

自宅だった建物は表屋造で商家の構え。七代目小川治兵衛の手がけた庭は、どこから観ても絵になる。客人を迎え入れた応接間も当時のまま残されており、町家や通り庭（ダイドコ）も展示期間中は見学できる。

data

### 並河靖之七宝記念館

なみかわやすゆきしっぽうきねんかん

京都市東山区三条通北裏白川筋東
入堀池町 388

map.41

075-752-3277

10：00 ～ 16：30
※入館は閉館 30 分前まで

休 月・木曜（祝日の場合は翌日）、
夏季・冬季

¥ 一般 800 円ほか

市営地下鉄東西線東山駅から
徒歩 3 分

http://www.kyoto-namikawa.jp

作庭家

# 植治《うえじ》の庭を観よ！

京都の美術館の庭をいくつか訪ねていると、よく目にする名前がある。それが、作庭家・植治だ。美術館の庭でも植治の手がけたところは多い。

## ①－無鄰菴《むりんあん》

→ p.90

元老・山縣有朋の元別荘。有朋の構想のもとで7代目が手がけた。

## ②－泉屋博古館《せんおくはくこかん》

→ p.89

当代が手がけた。多くの東洋美術品を有する美術館の敷地内に2ヵ所ある。

## ③－並河靖之七宝記念館

→ p.100-101

世界的な七宝家の元邸宅にある。懇意にしていた7代目が作庭。

### 植治とは？

植治は小川治兵衛の屋号。初代は江戸時代から庭づくりをはじめ、近代における日本庭園の先駆者とされる。また、7代(1860～1933）は円山公園や清風荘などの作庭で名を広めた。当代は11代目で、泉屋博古館などの庭園を手がけている。

## ④－平安神宮《へいあんじんぐう》

→ MAP p.41

1895(明治28)年、平安遷都1100年を記念して建てられた神社。ここの神苑を7代目が作庭し、名勝となっている。

DATA 京都市左京区岡崎西天王町 ☎ 075-761-0221

http://www.heianjingu.or.jp/

東神苑は東山を借景とした雄大な眺め。

広大な池泉回遊式庭園にのぞむ。

small museums in kyoto

8

# 京都駅周辺エリア

kyoto station

① 龍谷大学 龍谷ミュージアム
② 美術館「えき」KYOTO
③ ホテル アンテルーム 京都
④ ワコールスタディホール京都

ホテルが
アートスポットに！

展示内容によって、開館時間や入館料金が異なることがあります。
お出かけ前に、各館の公式ウェブサイトをご確認ください。

MUSEUM

49

# 龍谷大学 龍谷ミュージアム

ベゼクリク石窟寺院の仏教壁画の原寸大復元。平面絵画として観るのでは、わからないスケール感を体感できる。

## 仏教美術を肩肘張らずに学ぶ

長屋にかけられた大きな簾、とでもいうような珍しい外観の建物が、西本願寺の前に建っている。仏教文化などを総合的に扱う博物館だ。その名からもわかるように、龍谷大学の博物館であり、同大学が所蔵する貴重な学術資料をはじめ、仏教に関する作品などを展示しており、展示を通して仏教に親しめる。

注目は、中国・新疆ウイグル自治区トルファン郊外にある、ベゼクリク石窟寺院の仏教壁画の大回廊復元展示だ。なんと原寸大形のまま復元した。実際に色彩鮮やかな回廊を歩いているような体験を味わえる。

展示は仏教の誕生とその広がりをたどるシリーズ展のほか、テーマを設けた特別展・企画展も開催。さまざまな資料を用いて、誰でもわかるような展示になっている。

大学所蔵の《ガンダーラの仏立像》。

こだわりポイント!!

## 仏教美術の真髄をここで味わえる

京都といえば、お寺や神社を思い浮かべる人も多いはず。せっかくなので、仏教のことも学んでみてはいかが。仏教というと、ちょっと難しいという印象があるかもしれないけれど、同館はわかりやすい展示や高精細な映像が楽しめるシアターなど、体感しつつ学べる展示を心がけている。

data

### 龍谷大学《りゅうこくだいがく》 龍谷ミュージアム《りゅうこくみゅーじあむ》

京都市下京区堀川通正面下る（西本願寺前）

075-351-2500

10：00 ～ 17：00
※入館は閉館 30 分前まで

休 月曜（祝日の場合は翌日）、
その他館が定める日

¥ 一般 500 円ほか（シリーズ展）
※特別展・企画展は別途料金

市バス西本願寺前バス停から徒歩 2 分

https://museum.ryukoku.ac.jp/

シリーズ展では 3 階展示室（写真上）で日本の仏教、2 階展示室（写真中）でアジアの仏教をテーマに展示。カフェとショップも併設されている（写真下）。

MUSEUM

50

# 美術館「えき」KYOTO

写真すべて2015年4月に開催された「今森光彦　自然と暮らす切り紙の世界」展の展示風景。出口には展覧会やオリジナルグッズの販売もある。

## 家族で楽しめるエキナカ美術館

改札口を出た瞬間に、広々とした空間に包まれるコンコースが印象的なJR京都駅。建築家・原広司《ひろし》の設計だ。この駅のなか、ジェイアール京都伊勢丹7階にあるのが同館。京都駅の建築のなかでも、最大の見どころポイント・大階段に隣接しているので、駅の建築美も堪能できる絶景スポットともいえる。

美術館では、絵本やアニメーション、ファッションなどジャンルを問わず、また世代を超えて楽しめる企画展が年間10回以上開催されている。エキナカという立地なので、ショッピングも食事もでき便利。京都に到着した直後、あるいは帰路につく前に、ちょっと時間をつくって訪れたい場所だ。京都の美術館では珍しく夜8時まで開館しているのもうれしい。

data

### 美術館「えき」KYOTO

びじゅつかん「えき」きょうと

京都市下京区烏丸通塩小路下る東塩小路町

（京都駅ビル内ジェイアール京都伊勢丹7階）

℡ 075-352-1111

10：00～20：00
※入館は閉館30分前まで

休 ジェイアール京都伊勢丹の休業日（不定休）、展示替え期間

¥ 展示内容により異なる

JR京都駅直結

http://kyoto.wjr-isetan.co.jp/museum/

買い物がてら立ち寄れるのが魅力。

MUSEUM

51

# ホテル アンテルーム 京都

客室ごとに違う作品が展示されている。すべての客室に宿泊してみたくなる。

© Teppei Kaneuji

客室階の廊下も個性的（写真右下）。写真左下はロビー。入って正面に彫刻家・名和晃平の作品。

Kohei Nawa / Swell-Deer / 2010-2016 / mixed media / Courtesy of SANDWICH, Kyoto

## まるでギャラリーに宿泊しているようなホテル

京都には、アートスポットとなっているホテルが多い。こちらは、学生寮をリノベートして生まれたホテル&アパートメント。京都で活躍する作家の作品が飾られた客室はもとより、ロビーのギャラリー9・5、レストラン、バーラウンジ、ライブラリー、ショップ、はたまた廊下や化粧室にいたるまで、現代アートで埋め尽くされている。

このホテルはアパートメントとして長期滞在の利用もできる点がポイント。ローカルなZINE（自主制作の小冊子）の発行やイベントの開催もおこなっており、街全体にアートを発信している。ちなみに、美術館と同じく、作品や展示を企画運営するキュレーターがホテルのフロントもしているという。

data

**ホテル アンテルーム 京都《ほてる あんてるーむ きょうと》**

京都市南区東九条明田町 7

- 075-681-5656
- 12：00 ～ 19：00（ギャラリー 9.5）
- 休 年中無休（ホテルの休館日などに準ずる）
- ¥ 入館料無料
- 市営地下鉄烏丸線九条駅から徒歩 8 分
- http://hotel-anteroom.com

宿泊したらぜひ食べてみたいのが朝食。ホテル内にはバーラウンジもある。

MUSEUM

52

# ワコールスタディホール京都

## 学びを通じて美を発信する施設

美にまつわる展覧会を開催するギャラリー

暮らしを美しく彩ってくれる書籍を閲覧できるライブラリー。自習室も兼ね揃えている。

京都を本社に据えるワコールが運営する複合施設。スクールやライブラリー、コワーキングスペース、ギャラリーから構成されており、女性の内面の美しさに貢献することを目的とした活動が展開されている。「身体」「感性」「社会」という3つの美をテーマに据えたスクールは、1回完結型の講座もあり、京都訪問の際の受講も可能。また、ブックディレクター幅允孝《はばよしたか》が選書した約5000冊以上もの蔵書のあるライブラリーは、有料のコワーキングスペースの利用で閲覧することができる。

ギャラリースペースでは「作品を通して美を発信。新たな美に触れる」をコンセプトに、絵画や写真、工芸、インスタレーションなどの主に女性作家による現代美術の展覧会を開催。また、スクールの講座と連動した企画展などを開催している。京都駅からほど近い場所で、20時まで開館しているのも魅力。

data

**ワコールスタディホール京都**《わこーるすたでぃほーるきょうと》

京都市南区西九条北ノ内町6
ワコール新京都ビル1、2階

☎ 075-556-0236

🕒 10：00～21：30（土曜～17：30）
ギャラリー 10：00～20：00

休 日・月曜、祝日、年末年始

¥ 入場無料（一部有料スペースあり）

JR 京都駅より徒歩7分

https://www.wacoal.jp/studyhall/

small
museums
in kyoto

# 9 京都ほか

アサヒビール大山崎山荘美術館（p.110-112）

展示内容によって、開館時間や入館料金が異なることがあります。
お出かけ前に、各館の公式ウェブサイトをご確認ください。

MUSEUM 53

# アサヒビール大山崎山荘美術館

「地中の宝石箱」で出会えるモネの《睡連》。ゆっくり大作との会話を楽しもう。

1 レトロなデザインのステンドグラスも見もの。時間によってやわらかい光が降り注ぐ。

2 バーナード・リーチや河井寛次郎、濱田庄司ら民藝運動ゆかりの作品はコレクションの要。

3 モネの過ごしたパリ近郊のジヴェルニーの邸宅にあった睡蓮の池を思わせる風景。

## 天王山の山腹に建つ別荘が舞台

実業家・加賀正太郎が、歴史ある天王山山腹に建てた別荘（のちに本宅）をもとにした美術館である。だから、ロケーションが抜群だ。美術があまり好きでなかったり、詳しくない人でも、庭や建築などの雰囲気が抜群で、ソファや椅子に腰かければ別荘気分で寛げる。テラス席もあるカフェでは、企画展限定ケーキもあるし、ビールも飲める。

もちろんコレクションは秀逸。印象派クロード・モネの筆が踊る《睡蓮》の連作、国内外の陶芸作品、イサム・ノグチやヘンリー・ムーアの彫刻など見どころ満載だ（企画展により入れ替えあり）。庭園にも彫刻作品は点在。実はバルコニーから遠くに、ある作品が眺められる。お見逃しなく！

こだわりポイント!!

### 温室への道は山手館へ

加賀は蘭栽培を趣味としていた。その温室跡が今は、山手館「夢の箱」として生まれ変わった。加賀が出版した『蘭花譜』もまた、同館の誇るコレクション。

山手館まで続く廊下が温室の名残。

煙突や三角屋根がおしゃれな外観（写真右）。加賀はテラスからの眺めを英国テムズ川の景観に見立てていたそう。企画展ごとの限定ケーキ（写真左）。

# 景観を壊さないように生まれたふたつの新館

この別荘は1932年、加賀によって建てられた後、幾度か転売され存続が危ぶまれたが、アサヒビールが京都府、大山崎町と協力して復元、1996年に美術館として開館した。改修と増築は大阪出身の建築家・安藤忠雄が担当。

もともとの景観を壊さないようにと、円形の展示室「地中の宝石箱」は地下に下りる形で設計。モネの《睡蓮》連作を常設展示している。2012年には、かつて温室のあった山側に「夢の箱」を加え、さらに展示スペースを充実。

最後にもうひと言。駅から坂道なので、靴にはご注意。

『蘭花譜』にちなんだオリジナルグッズの「山荘オブジェ」。

data

## アサヒビール大山崎山荘美術館《あさひびーるおおやまざきさんそうびじゅつかん》

乙訓郡大山崎町銭原 5-3

☎ 075-957-3123（総合案内）

10：00 ～ 17：00
※入館は閉館 30 分前まで

休 月曜（祝日の場合は翌平日）、年末年始、臨時休館日、展示替え期間

¥ 一般 900 円ほか

JR 山崎駅から、阪急京都線大山崎駅から徒歩 10 分

https://www.asahibeer-oyamazaki.com/

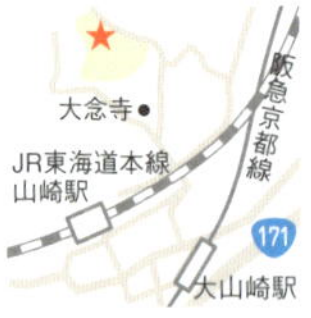

ポスターやブックデザインの秘めたる美を、時には実際に触れながら知ることができる。

MUSEUM 54

# 京都dddギャラリー

## グラフィックデザインの魅力を体感

ポスターや書籍、タイポグラフィなどのグラフィックデザインを専門とするギャラリー。大日本印刷が1991年大阪にオープンさせ、2008年、DNP文化振興財団が企画運営を引き継いだあと、2014年には京都に移転。移転後は、新たに「DNP京都太秦文化遺産ギャラリー」を併設。文化遺産の高精細映像などデジタルアーカイブを活用した展示も楽しめる。

国内外のすぐれたグラフィックデザインを、さまざまな切り口で紹介する展覧会、第一線で活躍するデザイナーらが出演するトークイベントなどで紹介。企画展は年5〜6回おこなわれている。ここに来れば、過去・現在・未来、世界各地のデザインを知ることができる。

企画展示の構成は著名デザイナーが手がけることもある（写真右下）。入口にはユニークなオブジェも（写真左下）。

data

**京都 ddd ギャラリー《きょうとでぃーでぃーでぃーぎゃらりー》**

京都市右京区太秦上刑部町 10

- ☎ 075-871-1480
- 11：00 ～ 19：00（土曜～ 18：00）
- 休 日曜、祝日、展示替え期間
- ¥ 入館料無料
- 市営地下鉄東西線太秦天神川駅から徒歩 3 分　※駐車場無
- http://www.dnp.co.jp/gallery/ddd/

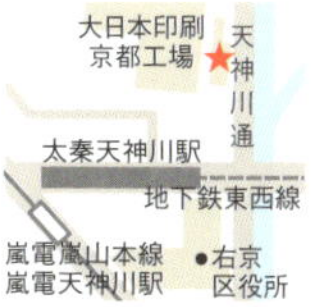

展示に関するトークショーも開催。

column 三

[ 身近に親しむ美術 ]

# グッズ誕生ストーリー

## 京都dddギャラリー

美術をより身近な感覚で親しめるのが、ミュージアムグッズのよいところ。このページではグラフィックデザイン・アートに力を入れている、京都dddギャラリーのグッズ誕生秘話レポート。→ギャラリーの紹介はp.113

### アートを日々の生活に！

ポスターなどの広告に使われるデザイン作品を、どんなオリジナルグッズにするか。扇子や時計なども検討されたが、平面という共通項をもつ風呂敷が適しているのではないかという意見が持ち上がる。柄のモチーフは、同ギャラリーと縁も深く、日本を代表するグラフィックデザイナーのひとり、田中一光《いっこう》の作品を用いることに。

**たたみ方や包むものの形によって、デザインの見え方が変わる！ グラフィックデザインの魅力を別の視点から楽しめる。**

### いちばんの難関は「色」の再現

制作をスタートさせてみたところ、ポスターや版画作品などからスキャンしてデザインを起こすしかなかったため、色の再現に苦心することに。試作を重ね議論を交わし、「田中先生の赤はこの赤だ！」と納得のいくグッズが完成。

**風呂敷のデザインは写真左から、「花」「矢印」「TODAY」各4320円（税込）**

**華やかな色合いの「花」が人気。マルチクロスは各1080円（税込）**

### ミニチュア版への さらなる展開を目指して

使うたびにデザインが違って見える点が魅力的な風呂敷は大好評。そこで、次なる挑戦として、もっと身近に気軽なものということで、マルチクロスの制作がはじまる。こちらはメガネだけでなく、携帯電話やスマートフォンも拭けるすぐれもの。

MUSEUM

55

# 高麗美術館

展示室2階では、朝鮮文人の部屋「舎廊房《サランバン》」を再現。

1 階段横の窓にかけられた苧麻（チョガッポ）。反対側には仮面も。２階展示室では生活様式を垣間見られる。

2 食器や机、家具など日々の暮らしが浮かぶような生活用品が並ぶ。

3 ミュージアムグッズは高麗文化の趣を取り入れた文具や雑貨など、いますぐ日常使いできるものばかり。

## 朝鮮王朝の繁栄を偲ぶ

故郷に憧れながら日本の土となった鄭詔文《ちょんじょむん》が40年かけて収集した、朝鮮半島の美術コレクション1700点を随時公開している。同館は鄭の自宅跡地に建設され、入口の門脇には、朝鮮武官の石像が1対、訪れる人々を見守るように立っている。

2階建ての館内では、古代から近代までの朝鮮半島の華やかな美術品、装飾品、絵画などがずらりと並ぶ。ていねいな解説で、日本の「民藝」に通じる豊かな生活文化を知ることができる。一番のおすすめは朝鮮の白磁器だが、それ以外にも高麗の青磁器、机やタンスなど生活工芸品など見どころは多い。日本の伝統絵画にも影響を与えた書画は、色かたちともにかわいらしく自宅に飾りたくなる。

こだわりポイント!!

### ちいさな庭には高麗の石像が

入口横のちいさな庭に出れば、朝鮮時代の石像や石塔がたくさん！　苔むした石像もあり、長年この地を見守ってきたかのような温かさを感じる。

１階展示室は陶磁器や屏風などが並ぶ。ジャンルや時代ごとに分類されわかりやすい。

## はかなくも美しい王朝栄華に魅せられて

戦前の朝鮮半島に生まれた鄭は6歳で日本にわたり、骨董店で出会った白磁の壺に心奪われる。張りのある堂々とした、李朝時代の壺は健康な美にあふれていた。この壺を月賦で購入したことが、コレクションの第一歩だった。

歴史学者・上田正昭や小説家・司馬遼太郎と熱い友情で結ばれ、美術館の前身である季刊誌『日本のなかの朝鮮文化』を創刊。美術館の方向性もこれに従い、講座や刊行物の発行などの地道な研究活動を進めている。

美術館周辺には、古代朝鮮文化ゆかりの史跡も多い。

data

**高麗美術館《こうらいびじゅつかん》**

京都市北区紫竹上岸町 15

- 075-491-1192
- 10：00 ～ 17：00　※入館は閉館 30 分前まで
- 休　水曜（祝日の場合は翌日）、年末年始、展示替え期間
- ¥　一般 500 円ほか
- 市バス加茂川中学前バス停から徒歩 1 分
- http://www.koryomuseum.or.jp

ひとつひとつの作品にていねいな解説がつけられている展示室。

MUSEUM 56

# 古田織部美術館

## 桃山時代を代表する「織部好み」の世界

「へうげもの」と呼ばれた歪んだ茶碗を使用したことで知られる古田《ふるた》織部《おりべ》（１５４３〜１６１５年）。千利休亡き後、「天下一」と称された武将茶人だ。織部は織田信長の死後、太閤秀吉、子の秀頼、江戸時代には徳川家康・秀忠父子に仕え、将軍家の茶の湯指南役となる。

利休の茶の湯の後継者で「利休七哲」にも数えられた織部は、独自の美意識で茶道具や食器の製作、茶室の建築、作庭などに取り組む。それらは「織部好み」といわれ、爆発的に流行し、茶の湯文化に多大な影響を与えた。

織部の焼物は、緑釉がかけられた向付（皿）とイメージしがちだが、「織部好み」はより複雑でバラエティ豊か。多様な広がりを見せているものが多い。奇抜で大胆な造形や抽象的な絵は〝前衛的〟という形容がふさわしく、見る者に強いインパクトを与える。

同館では年3回の展示替えをおこない、織部好みの茶道具・書を中心に、織部と関係のあった武将・公家・豪商ゆかりのものを展示。〝織部〟という独自の感性が生み出した、桃山時代の美の世界を堪能したい。

コレクションの代表格《黒織部 六波文茶碗》（写真右上）。ちいさいながらも風情のある中庭に佇む織部好みの団子つくばい（写真右下）。駅からすぐ近くの好立地に建つビルの地下にある（写真左）。

data

## 古田織部美術館

ふるたおりべびじゅつかん

京都市北区上賀茂桜井町 107- 2 地下 1 階

☎ 075-707-1800

9:30 ～ 17:30
※入館は閉館 20 分前まで

休 年末年始、展示替え期間

¥ 一般 500 円ほか

市営地下鉄烏丸線北山駅から徒歩 3 分

http://www.furutaoribe-museum.com

こだわりポイント!!

### 武将茶人の粋を味わう

コレクションが豊富なため、いろいろな「織部好み」を鑑賞することができる。写真上は《駿河焼織部肩衝茶入 銘「円扇」島津家伝来》で下は《織部黒茶碗 銘「深《み》山烏《やまがらす》」》。

# 京都民芸資料館

建物は元・土蔵なので静かな空気に包まれている。
ひとつひとつの作品をじっくりと眺めたい。

## 土蔵造りの建物でアジア各地の民藝を

柳宗悦や浜田庄司、河井寛次郎らがスタートした「民藝運動」は、たちまち全国各地に賛同者を得て、各地ごとに民藝協会が発足。それぞれ独自に活動を開始した。京都民藝協会もそのひとつで、同会の前身となる京都民藝同好会は民藝運動がはじまって間もない1929年に設立された。

同館は京都民藝協会が1981年に開館したもので、日本を中心にアジア各国の焼き物や染色、絵画などの民芸品を収集、展示する。趣のある建物は滋賀県日野市の旧家にあった土蔵を移築したもの。年3回のペースで展覧会を開催している。12～2月は休館で、3～11月の第3日曜のみ開館と開館期間が少ないので、タイミングしっかりと見極めて訪問したい場所だ。

data

**京都民芸資料館**《きょうとみんげいしりょうかん》
京都市左京区岩倉木野町 340

- 075-722-6885
- 10：00 ～ 16：30
- 休 3 ～ 11 月の第 3 日曜のみ開館（5・10 月は毎週日曜開館）
- ¥ 入館無料
- 叡山電車木野駅から徒歩 5 分
- https://kyomingei.exblog.jp/

MUSEUM

58

# 京セラギャラリー

現代日本画の作品（写真左上）やロビーにある彫刻作品（写真左下）。ビル前の広場にも彫刻が点在している。

乾隆ガラス最盛期の乾隆年間中期に制作された《唐草文燭台》。

## 京都が誇る会社の自慢コレクション

京都のリーディング・カンパニーとして知られる京セラ。その会社がコレクションした珠玉の作品群を本社ビルで公開している。入館料無料と侮るなかれ。パブロ・ピカソが86歳の時に集中して仕上げたモノクロームの版画「347シリーズ」を展示替えしながら、全体を順次公開している。ピカソのテーマである愛や女性がエッチングやドライポイントなど、多彩な版画技法で表現されている。

さらに、乾隆《けんりゅう》ガラスと呼ばれる中国清代のカラフルな工芸品、東山魁夷《かいい》や平山郁夫などの現代日本画と彫刻も観られる。2階ファインセラミック館では、先端技術として注目されている、ファインセラミックスという工業用磁器について紹介している。

data

**京セラギャラリー**

きょうせらぎゃらりー

京都市伏見区竹田鳥羽殿町６京セラ本社ビル１階

☎ 075-604-3518

🕒 10：00～17：00

休 土・日曜、祝日、展示替え期間（美術館のみ）
※展示期間はウェブサイトを要確認

¥ 入館料無料

🚌 近鉄京都線、市営地下鉄烏丸線竹田駅から市バス・京阪バスパルスプラザ前バス停下車すぐ

🌐 http://www.kyocera.co.jp/company/csr/facility/museum/

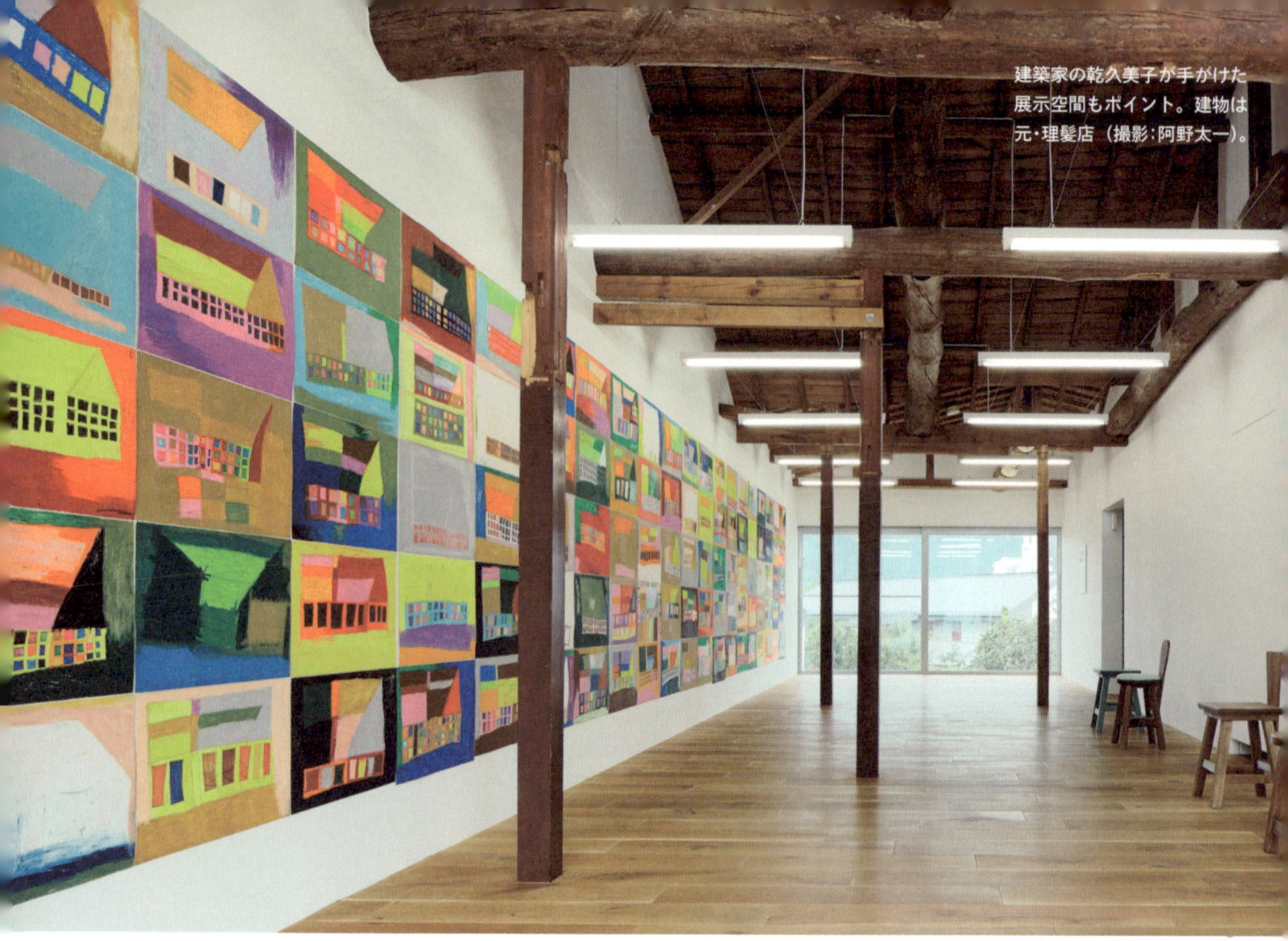

建築家の乾久美子が手がけた展示空間もポイント。建物は元・理髪店（撮影：阿野太一）。

MUSEUM 59

# みずのき美術館

## アール・ブリュットに触れる

山間の渓谷と田園風景をもつ城下町、亀岡市。実は、多くのアーティストや陶芸家たちがアトリエを構えている。2012年に開館した同館では、アール・ブリュット（伝統的な美術教育を受けていない作家による美術）に触れることができる。日本画家の西垣籌一が1964年に、絵画教室をはじめ生まれた膨大な絵画作品をコレクションしている。

いまの運営母体は障害者支援施設である。障害をもつ作家の芸術的才能の可能性を発信。コレクションをいかしつつ、現代アートも絡めて、表現することの豊かさを伝えている。

2階建てのちいさな空間だが、展示内容は濃い。2014年11月〜翌年1月まで開催された「TURN／陸から海へ（ひとがはじめからもっている力）」では、アーティストの日比野克彦が監修をつとめ、4つの美術館が連動。またあるときは、船大工と、生き方を模索中の青年たちが和船を復元させるワークショップを館内でおこない、そのドキュメント映像もあわせて紹介した。開館以来、他館にはない独自のアプローチで評判を呼んでいる。

通りに面した大きな窓が特徴（写真右　撮影：阿野太一）。2015年３月開催「HOME PARTY03 虹の美術館」の展示風景（写真左下　撮影：髙橋耕平）。写真左上は外観。

data

## みずのき美術館《みずのきびじゅつかん》

亀岡市北町 18

- 0771-20-1888
- 10：00 ～ 18：00
- 休 月・火曜（祝日の場合は開館）、お盆、年末年始、展示替え期間
- ¥ 一般 400 円ほか
- JR 山陰本線亀岡駅から徒歩 8 分
- http://www.mizunoki-museum.org/

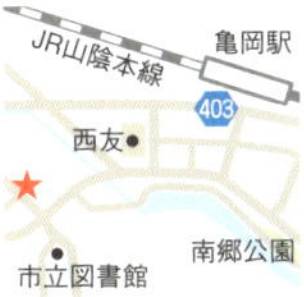


こだわりポイント!!

### 子どもも大人も一緒に楽しめる

プロの作家、地域の人たちのコミュニケーションの場としても展開している。写真は「HOME PARTY03 虹の美術館」で、２階天井も利用して展示された今村源作品（撮影：髙橋耕平）。

MUSEUM

60

# 手織ミュージアム織成館

復原された能装束を間近で。その絢爛豪華さにうっとりしてしまう。

手織り工房では現役の職人技を見学できる（写真右下）。予約すれば手織り体験も可。美術館は西陣の石畳が美しい街並みに建つ（写真左下）。

## 西陣の伝統的な織屋建で能装束や着物を

西陣の帯地製造業「渡文《わたぶん》」の初代当主・渡邉文七が1936年に建設した店舗兼住居をリノベーションしてつくられたミュージアム。館内には能楽の観世流片山家が収蔵していた江戸中期の復原能装束、着物や袴、帯や羽織などの幕末から昭和初期にかけての時代衣装、そして久留米絣《かすり》（福岡県）や弓浜絣（鳥取県）など日本各地で生産される織物約90点を入替展示。そのほか、伝統工芸や織物の歴史を紐解く企画展も実施している。

　また、隣接する「渡文」の手織り工場見学も可能（平日）。たくさんの織機がガシャガシャと音を立てて稼働し、美しい帯地ができあがる過程はいつまで見ていても飽きない。格子づくり外観や明りとりの天窓など伝統的な織屋建《おりやだち》もまた鑑賞の対象だ。

data

**手織ミュージアム　織成館**

ておりみゅーじあむ　おりなすかん

京都市上京区浄福寺通上立売上る大黒町693

☎ 075-431-0020

🕙 10：00～16：00

休 月曜（祝日の場合は翌日）、年末年始

¥ 一般500円ほか

🚌 市バス今出川浄福寺バス停から徒歩5分、千本上立売バス停から徒歩5分

🌐 https://orinasukan.com/

MUSEUM 61

# 川島織物文化館

## 日本最古の企業ミュージアム

タペストリーやどん帳など、いまでこそよく目にする数メートル幅の織物をいち早く手がけ、明治時代の宮殿などの室内装飾を飾った川島織物セルコン。

そんな同社の二代・川島甚兵衛が、明治時代に日本式室内装飾の提案をするために、京都市内の三条高倉に開館した洋館「織物参考館」がここのルーツ。

いまでいうところのショールーム機能を備え、日本でもっとも古い企業博物館といわれている。

1964年に貴船・鞍馬の清らかな水源に近い郊外の市原に拠点を移したあとも、その理念を受け継ぐ。16万点を超えるコレクションや世界の織物、デザイン図案や絵画などの充実した展示をおこなっている。

明治時代の琳派、神坂雪佳筆格天井織物原画の展示風景

明治の頃のカーテンを紹介する展示（写真左上）。同館を代表する図柄「百花」のデザイン画と窓掛。

data

**川島織物文化館**《かわしまおりものぶんかかん》

京都市左京区静市市原町 265
川島織物セルコン内

- ☎ 075-741-4323
- 10：00 ～ 16：30（要予約）
  ※入館は閉館 30 分前まで
- 休 土・日曜、祝日、ゴールデンウィーク、夏季、年末年始
- ¥ 入館料無料
- 市営地下鉄烏丸線国際会館駅から京都小町寺バス停下車徒歩 5 分
- http://www.kawashimaselkon.co.jp/bunkakan/

写真：川島織物文化館

MUSEUM
62

# ガーデンミュージアム比叡

《日傘の女》のある「藤の丘」には満開のひまわり。

ローズガーデンの見頃は6月中旬～11月上旬（写真右下）。カフェでは人気のオリジナルハーブティーをどうぞ（写真左下）。

## 庭を眺めて絵画の魅力再発見

印象派の画家たちはこよなく自然を愛し、キャンバスを野外にもち出して、光あふれる風景を描いた。彼らにとって森や庭は想像力の源だった。芸術家と庭や自然の風景の関係を垣間見つつ、美術館とは違ったアプローチで印象派を知ることができるのがこのミュージアムだ。

ここでの主役は名画というよりも、睡蓮やバラが咲き誇る庭園。でも、その庭は絵画に描かれた庭園を元に構成されている。たとえば、モネが好んで描いた睡蓮をテーマにした池がある。アトリエを構えていたジヴェルニーの庭を模したものだ。庭園の各地に、モチーフとなった名画（陶板製の複製）が原寸大で展示されているので、印象派の絵画を案内役に、四季折々の自然を楽しんでほしい。

data

### ガーデンミュージアム比叡《がーでんみゅーじあむひえい》

京都市左京区修学院尺羅ヶ谷四明ヶ嶽4（比叡山頂）

075-707-7733

10：00～17：30　※入園は閉館30分前まで
夏季ナイター営業あり

休　4月中旬～12月上旬のみ開園（期間中無休）
詳細の日程は公式ウェブサイトを要確認

¥　一般1030円ほか

市バス比叡山頂バス停徒歩すぐ、
叡山電車八瀬比叡山口駅から叡山ケーブルとロープウェイ下車すぐ

http://www.garden-museum-hiei.co.jp/

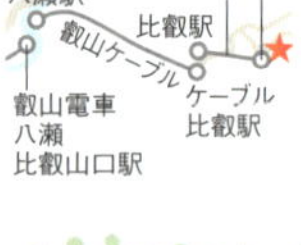

10

# 大阪エリア

osaka

写真は大阪府立狭山池博物館（p.133）。

展示内容によって、開館時間や入館料金が異なることがあります。
お出かけ前に、各館の公式ウェブサイトをご確認ください。

# 逸翁美術館

企画展が年４回ほど開催される。与謝蕪村《よさぶそん》の作品も充実。

茶室「即庵」（写真右下）。カフェ IAM でいただけるシフォンケーキ（写真中下）。コレクションをモチーフにしたトランプ（写真左下）。

## ある実業家の夢を実現した美術館

江戸時代には呉服の里と呼ばれていた池田。この地に妻と父を相次いで亡くした絵師・松村月渓《げっけい》が、京都から越してきた。彼は呉羽の里で春を迎えたことから、自らを呉春《ごしゅん》と名乗るようになった。やがて呉春は、京都画壇の中心となり四条派の祖として後世に名を残す。

同館コレクションの核は、この地ゆかりの呉春だ。収蔵者は「逸翁」の名で茶人としても知られた阪急電車の創業者・小林一三《いちぞう》。「一都市一美術館」という彼の理念を継ぎ、元邸宅の雅《が》俗山荘《ぞくさんそう》を改装して１９５７年開館した。２００９年には新館が開館し、雅俗山荘は小林一三記念館として生まれ変わる。ゆったり時間をとって、美術館から記念館・庭園・茶室なども楽しんでほしい。

data

**逸翁美術館**
いつおうびじゅつかん
池田市栄本町 12-27

- 072-751-3865
- 10：00 ～ 17：00
  ※入館は閉館 30 分前まで
- 休 月曜（祝日の場合は翌日）、展示替え期間
- ¥ 一般 700 円ほか
- 阪急宝塚本線池田駅から徒歩 10 分
- http://www.hankyu-bunka.or.jp/

# 上方浮世絵館

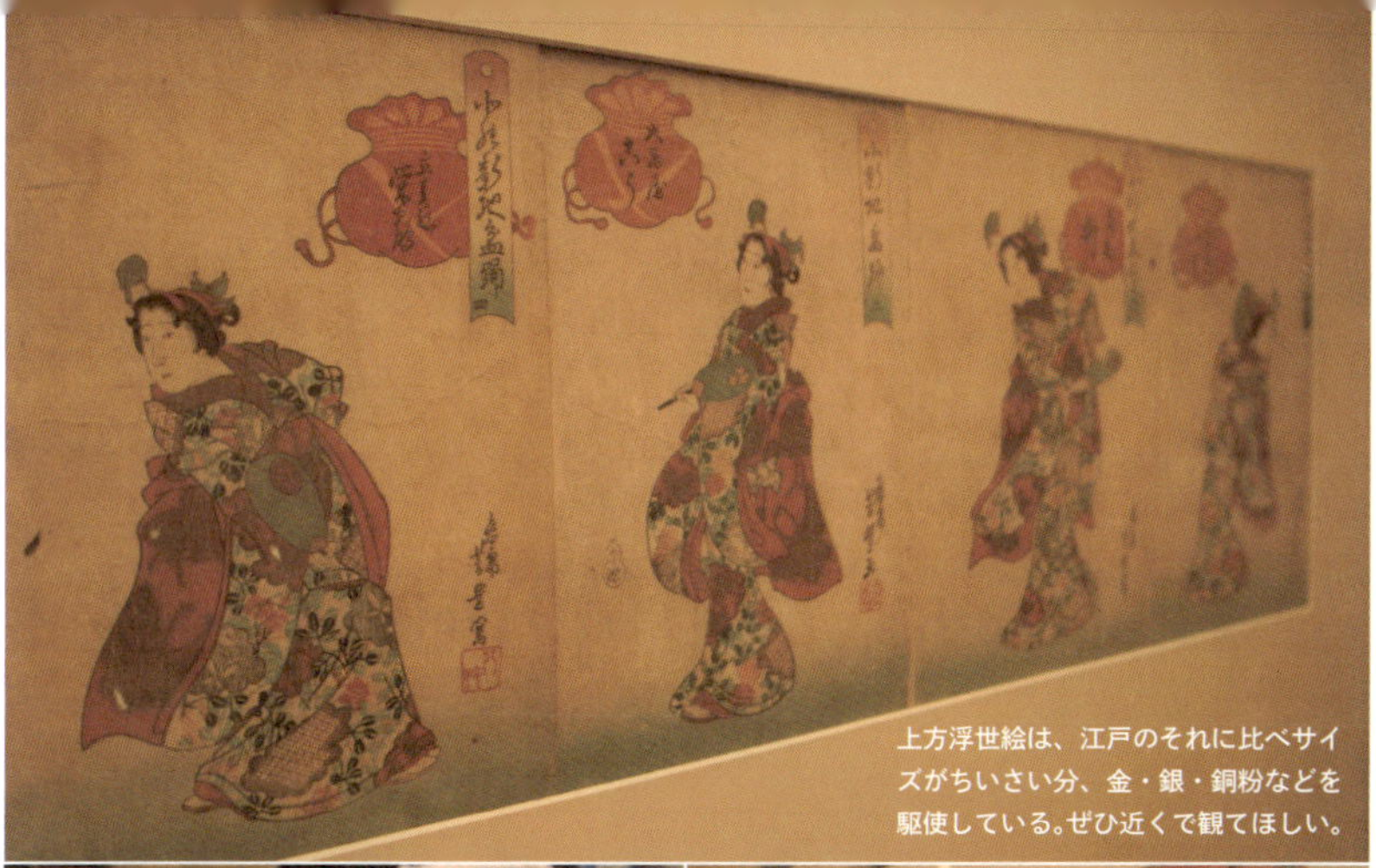

上方浮世絵は、江戸のそれに比べサイズがちいさい分、金・銀・銅粉などを駆使している。ぜひ近くで観てほしい。

企画展は3ヵ月ほどで展示替えをし、約30点が並ぶ。展示室には画材なども置かれている（写真右・左下）。

## 上方の舞台や生活を描いた上方浮世絵

江戸時代に、役者や美人、風景などが描かれた庶民のアート、浮世絵。そのなかでも、江戸時代後期の上方・関西で生み出され、浮世絵を集めた私設美術館が、法善寺の門前にある。上方浮世絵の題材は、ほぼ道頓堀の歌舞伎役者だが、体格や人相などをしっかり捉えている点が特徴。

2・3階の展示室では、テーマを絞った企画展を、4階和室ルームでは、浮世絵3〜4色摺り体験などを開催している。ショップには和小物・雑貨をはじめ、上方歌舞伎をテーマにしたオリジナルグッズが揃い、観ているだけで時間を忘れてしまいそう。

入口でお出迎えする狸は、芸能の神様として役者たちに信仰されてきた芝衛門狸。上方の芝居に縁深い土地柄らしさがあふれる美術館だ。

data

**上方浮世絵館《かみがたうきよえかん》**
大阪市中央区難波 1-6-4

- ☎ 06-6211-0303
- 🕒 11：00 〜 18：00（ショップ〜 19：00）
  ※入館は閉館 30 分前まで
- 休 月曜（祝日の場合は翌日）、年末（12/29 〜 12/31）
- ¥ 一般 500 円ほか
- 🚃 近鉄難波線大阪難波駅、OsakaMetro御堂筋線、千日前線なんば駅から徒歩 5 分
- 🌐 http://www.kamigata.jp/

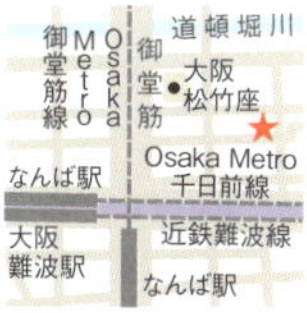

MUSEUM

65

# 正木美術館

展示室風景。静かな環境でゆったりと鑑賞できる。

## 中世禅林文化の名品が揃う

茶聖こと千利休を生んだ堺市に隣接する泉州《せんしゅう》。この地に、東洋古美術や茶道具などのコレクションを有する同館がある。

古くから茶の湯への関心が強いこの土地で、同館創立者・正木孝之は生まれ育ち、早くから日本画をはじめとする美術コレクターとしての頭角を現した。

そして、中国・元時代の文人画家・銭選《せんせん》が描いたと伝わる《果蓏《から》秋虫《しゅうちゅう》図《ず》》と出会ったことで、東洋古美術の世界にも足を踏み入れる。

収蔵品は絵画・書蹟・茶道具・水墨画・工芸品など多岐にわたり、国宝３件、重要文化財13件を含む約１３００点にのぼる。半数を占めるのが、鎌倉・室町時代の水墨画と墨蹟《ぼくせき》で、とくに、長谷川等伯の筆とされる、古渓《こけい》宗陳賛《そうちんさん》の重要文化財《千利休像》は必見。利休にちなんだ茶道具も多いのも特徴である。

展示館の隣にある正木の元住居・正木記念邸（写真左下）。邸内には、正木が茶道の実践を積んだ茶室もある（写真右下）。

data

**正木美術館**

まさきびじゅつかん

泉北郡忠岡町忠岡中 2-9-26

- 0725-21-6000
- 展示期間はウェブサイトを要確認
- 月曜、年末年始、展示替え期間
- 一般 700 円ほか
- 南海本線忠岡駅から徒歩 15 分
- http://masaki-art-museum.jp/

MUSEUM

66

# リーガロイヤルホテル リーチバー

イギリスの洋と日本の民藝が融合した空間は、意外なほどに心地よい。

注目は籐蓆を使用した壁の内装（写真右下）。家具や食器だけではなく、メニュー（写真は開店当時のもの）もこだわっている（写真左下）。

## バーナード・リーチの民藝精神をバーで味わう

日用品の中に「用の美」を見出した民藝運動。この運動に賛同した英国人陶芸家のバーナード・リーチの名を冠したバーが、大阪の名門ホテルにある。英国コテージをイメージしたバーは、リーチの発想をもとに、建築家の吉田五十八《いそや》が設計した。

壁の籐蓆や洋家具などに、民藝を支持したリーチの想いが込められている。バー設立に尽力した民藝運動の同志、陶芸家の河井寛次郎や濱田庄司らの作品もさりげなく置かれている。

人々が集い、飲み、語らうバーという社交場でありながら、BGMは流れていない。静寂のなかに飾られた民芸品が訪れる人の心を癒してくれる。美術館では味わえない空間だ。オリジナルカクテルも楽しみたい。

data

**リーガロイヤルホテル リーチバー**

りーがろいやるほてる りーちばー

大阪市北区中之島 5-3-68

☎ 06-6441-0983

🕒 11：00～24：00（LO 23：45）

休 年中無休

¥ ジントニック 1782 円（サービス料込）ほか

🚃 JR 大阪駅から無料シャトルバス運行

🌐 https://www.rihga.co.jp/osaka/restaurant/list/leachbar

冷え冷えの銅製マグカップで提供される人気の「ジントニック」。

2018年秋に開催された「鉄道芸術祭 vol.8『超・都市計画～そうなろうとするCITY～』」の展示風景。撮影：守屋友樹

写真右下は、2017年春の「サーチプロジェクト vol.6 ニュー“コロニー／アイランド”3～わたしのかなたへ～」展示風景。ギャラリーは地下鉄駅構内にある（写真左下）。

MUSEUM

67

# アートエリアB1

## 鉄道とアートがコラボ！稀にみる駅チカアート

世界的に有名な建築家・安藤忠雄《ただお》が設計した京阪のなにわ橋駅一番出入口。ビジネス街を支えるこの駅の地下コンコースに、企業・大学・NPO法人が協同で運営しているコミュニティスペースがある。

この施設では、人が多く集い交わる駅のコンコースだからこそできる、展覧会やダンスパフォーマンス、映像上映、講演会など多彩なプログラムが目白押し。

とくに、鉄道とアートが競演する「鉄道芸術祭」はおすすめ。鉄道の風景や音をアートに仕かけた企画などが開催されている。アートに興味のない人でも、ちょっとなかをのぞいてみようかなという気にさせてくれ、鉄道や駅の新たな魅力を発見するきっかけを与えてくれる。

data

**アートエリア B1**

あーとえりあびーわん

大阪市北区中之島 1-1-1

京阪電車なにわ橋駅地下 1 階

☎ 06-6226-4006

12：00～19：00
※展示期間はウェブサイトを要確認

休 月曜（祝日の場合は翌日）、年末年始

¥ 入館料無料（一部有料イベントあり）

京阪本線中之島線なにわ橋駅構内

http://artarea-b1.jp/

MUSEUM
68

# 大阪府立狭山池博物館

## 日本最古のため池に、歴史の重みを感じる

飛鳥時代に堤が築かれ、およそ1400年の歴史をもつ日本最古のため池・狭山池。奈良時代の行基《ぎょうき》や鎌倉時代の重源《ちょうげん》といった東大寺ゆかりの名僧が改修を担っていて、土木技術史上からみても価値が高い。この歴史の重みを実感できる、非常に工夫された博物館だ。目玉は、高さ15メートル、幅60メートルもある堤の実物断面展示。改修された形跡が地層のようになっていて、千年以上の時の積み重なりに、素直に感動を覚える。

設計は建築家の安藤忠雄《あんどうただお》。入口までの導線はあえて複雑になっており、滝のように水が滴り落ちる水庭の回廊を抜け、円形の舞台のような空間から展示室に入る。内と外に見どころのある特有の空間構成も楽しめるので、建築好きにもおすすめ。

狭山池から切り出した堤の断面。実際に観るべきメイン展示。

鎌倉時代の改修を指揮した重源の坐像（写真左上）。大正・昭和初年の改修時に建てられた取水塔はシンボル的存在（写真左下）。

data

**大阪府立狭山池博物館**
おおさかふりつさやまいけはくぶつかん
大阪狭山市池尻中 2

- 072-367-8891
- 10：00 ～ 17：00
  ※入館は閉館 30 分前まで
- 休 月曜（祝日の場合は翌日）、年末年始
- ¥ 入館料無料
- 南海高野線大阪狭山市駅から徒歩 10 分
- http://www.sayamaikehaku.osakasayama.osaka.jp/

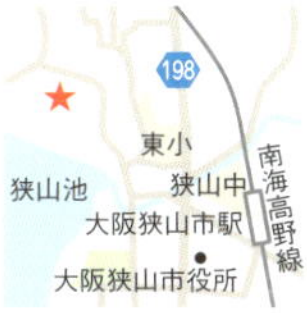

グッズの手ぬぐい（写真下）、もろこ（同右上）、藍染ノート（同左上）。狭山池まつり実行委員会による製作・販売。

アートに囲まれた空間でおいしいお茶とスイーツ……とっても贅沢！

MUSEUM 69

# 喫茶美術館

## もしもカフェが美術館だったら……

大通り沿いにあるマンションの裏手に、さりげなく佇む喫茶店がある。ドアを開けると信州でつくられた松本民藝家具の調度品と、壁にかけられた大型の油彩画が並んだ空間が目前に広がる、まさに「喫茶美術館」にふさわしい濃密な雰囲気だ。

ここに展示されている油彩画は、司馬遼太郎『街道を行く』の挿絵を手がけたことで知られる須田剋太《すだこくた》の作品。美術に造形の深い先代オーナーの大島墉が、当地在住で親交のあった司馬遼太郎から須田を紹介されたのがきっかけで作品収集を開始。須田本人に強く信頼されるようになり、最終的には作品やスケッチ、研究ノート、関係資料類など500点以上を譲り受けることになったそう。この過程で作品を展示するためにこの店が開かれた。

また、人間国宝で民藝の陶芸作家として知られる島岡達三の作品も収集。店内には島岡の陶芸作品が展示されているのみならず、ハンドドリップのコーヒーや自家製ケーキが島岡の作った器で提供される。店内は、ステレオファンに評価の高いTANNOYのスピーカーから心地よい音楽が流れ、いつまでもいたい空間となっている。

❶島岡達三の大皿も常設展示されている。❷❸店内ではイベントなども随時開催。
❹お店は大通りから少し小道に入ったところにある。

data

## 喫茶美術館《きっさびじゅつかん》

東大阪市宝持 1-2-18 和寧文化社

☎ 06-6725-0430

🕒 14：00 ～ 18：00（土・日曜、祝日 12：00 ～）

休 水曜（祝日の場合は翌週火曜）、臨時休館日

¥ 入館料不要だが、喫茶料金が必要。メニューは炭火ブレンドコーヒー 500 円（税込）ほか

🚃 近鉄奈良線河内小阪駅から徒歩 12 分、八戸ノ里駅から 徒歩 14 分

🌐 http://www.waneibunkasha.com/

こだわりポイント!!

### 豊富なメニュー

１杯１杯ていねいに淹れてくれるコーヒー、自家製のケーキ各種やりんごシャーベットのほか、抹茶ミルクやルイボスティーなど揃う。

2018年に開催された「開館記念展」II期の展示室風景。

MUSEUM

70

# 中之島香雪美術館

## 日本の美を大阪のビジネス街で堪能

2018年に竣工した中之島フェスティバルタワー・ウエスト内にある同館は、神戸市の住宅街、御影《みかげ》にある香雪美術館（150ページ）の分館にあたり、本館の開館45周年を記念してオープンした。本館同様、朝日新聞社の創業者で、茶人としても活躍した村山龍平《むらやまりょうへい》の収集した日本と東アジアの古美術を展示している。香雪とは村山の号。その収集品は刀剣や武具、仏教美術や書跡、中近世絵画に茶道具など多岐にわたっている。企画展や特別展はこうした分野の美術品を中心に年4〜5回開催。

常設展示室には、本館の敷地内にあり国の重要文化財に指定されている、茅葺屋根の茶室「玄庵」が一棟丸ごと原寸大で再現されている（本館では原則非公開）。建物だけでなく、腰掛待合や飛石、手水鉢や灯籠など周囲の露地も再現され、どのような環境に茶室があるのか思いをめぐらすことができる。

また、村山の生涯を紹介する村山龍平記念室は、村山龍平の足跡や、中之島で創業した朝日新聞社のあゆみに加え、旧村山家住宅のジオラマや2階居間部分の再現コーナーなど充実。この記念室だけでもたっぷり鑑賞時間を確保しておきたい。

写真上は「開館記念展」I期（2018年）の展示室風景。写真右下は茶室「中之島玄庵」。美術館は音楽ホールやホテルもある商業施設のなかと便利（写真左下）。

data

## 中之島香雪美術館《なかのしまこうせつびじゅつかん》

大阪市北区中之島3-2-4中之島フェスティバルタワー・ウエスト4階

☎ 06-6210-3766

10：00～17：00
※入館は閉館30分前まで

休 月曜（祝日の場合は翌日）、年末年始、展示替え期間

¥ 一般900円ほか

京阪電鉄中之島線渡辺橋駅、OsakaMetro四つ橋線肥後橋駅直結

http://www.kosetsu-museum.or.jp/nakanoshima/

こだわりポイント!!

### ここだけのグッズ盛りだくさん

展覧会の図録やオリジナルグッズも充実。展覧会ごとに合わせた限定グッズもあり、見逃せない。マスキングテープや付箋など文具も豊富。

写真上は扇子「柳橋水車図屏風」2160円、写真下はトートバッグ各1296円。

MUSEUM 71

# クラブコスメチックス文化資料室

常設展では創業以来の史料を「明治・大正」「昭和」「現在」に分けて紹介。

下の写真２点は「昭和メイクの移ろい」をテーマにした企画展の展示室風景（2019年４月１日～５月３１日開催）。

## 化粧品を起点にしたデザインを

「クラブ洗粉」などで知られ、大阪に拠点を置く化粧品メーカー、クラブコスメチックスが運営する資料室。同社の前身である中山太陽堂は、１９０３年の創業時より広告宣伝やパッケージデザインに力を入れ、わずかな期間であるが画家の東郷青児も図案家として在籍していたという。また、女性文化研究所や出版社「プラトン社」を設立、文化活動にも力を入れていた。劇作家の小山内薫《おさないかおる》も参画した雑誌『女性』には谷崎潤一郎や与謝野晶子も執筆し、阪神に暮らす女性のライフスタイルに大きな影響を与えた。

　資料室では同社の所有する商品ポスターや製品などを展示。化粧や化粧文化、宣伝戦略など多彩な切り口で、毎年春に企画展を開催している。

data

**クラブコスメチックス文化資料室**
くらぶこすめちっくすぶんかしりょうしつ
大阪市西区西本町 2-6-11 タイヨービル１階

- 06-6531-2997
- 常設展 9：00 ～ 17：00、企画展 9：30 ～
- 休 土・日曜、祝日、会社休業日、展示替え期間（企画展期間中は土曜開館）
- ¥ 入館無料
- OsakaMetro 中央線阿波座駅から徒歩１分
- https://www.clubcosmetics.co.jp/museum/

column 四

# 太陽の塔 大公開!!

大阪・万博記念公園に
堂々とそびえ立つ《太陽の塔》の
内部が公開されてから約1年。
あなたは入ってみましたか？

## 「太陽の塔」とは何か？

「太陽の塔」とは芸術家の岡本太郎がデザインし、1970年に開催された日本万国博覧会のシンボルゾーンにテーマ展示館としてつくられたもの。

高さ約70メートルもあり、当時は「太陽の塔」の地下から入り、内部を上り、太陽の塔の右腕から屋外の大屋根(現存せず)という部分に出るという観覧コースだった。

## なぜ非公開だったのか？

博覧会閉幕後、太陽の塔は撤去される予定だったため、地下の展示空間が埋められ巨大な大屋根も撤去。しかし、太陽の塔保存を望む声は多く、万博記念公園のシンボルとして残された。それ以来、一般公開されていなかったが、耐震補強工事などを経て、約50年ぶりに内部へ入ることが実現した。

**太陽の塔は完全予約制**
(前日までに下記公式HPから予約が必要)

DATA

10：00～17：00
※最終受付は30分前まで

休 水曜（祝日の場合は翌木曜　※日本庭園・自然文化園の休みに準じる）

¥ 一般700円ほか（万博記念公園への入園料が別途必要）

https://reserve.taiyounotou-expo70.jp/reservation.php

## 内部は こうなっている！

### 異空間!?《生命の樹》

いちばんの見どころ。高さ約41メートルもある作品でテーマは生命の進化。真っ赤な空間に、アメーバなどの原生生物から爬虫類、恐竜、人類に至るまでの生物を模した模型が33種183体も吊り下げられている。周囲をめぐるらせん階段があり、それを上がりながら作品を楽しめる。

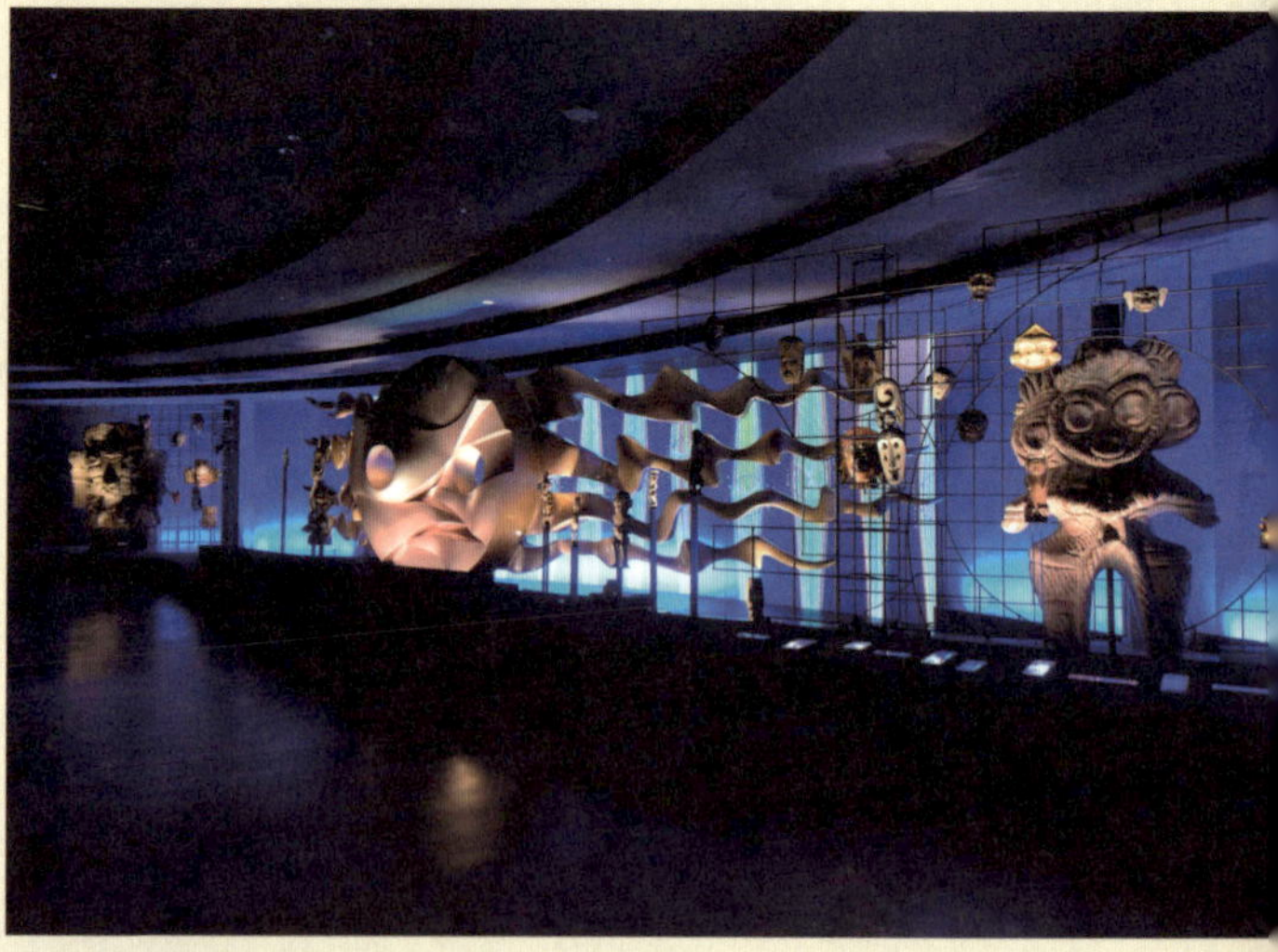

### 迫力たっぷり《地底の太陽》

博覧会当時のテーマ館地下には「第4の顔」として「地底の太陽」も展示されていた（第1は太陽の塔の頂部、第2は正面、第3は背面にある）。しかしこれは、博覧会終了後の撤去作業から行方不明に。現在、当時の資料から復元されたものが展示されている。その周囲には様々な神像や仮面も。

### 当時の面影を残す右腕内部

太陽の塔の右腕部分を内側から観ることもできる。博覧会当時はエスカレーターで、腕の先端から外の大屋根に出ることができたそう。鉄製の骨組みに圧倒される。

写真4点提供：大阪府

11

# 兵庫エリア hyogo

写真は神戸ファッション美術館（p.147）。

展示内容によって、開館時間や入館料金が異なることがあります。
お出かけ前に、各館の公式ウェブサイトをご確認ください。

作品は絵画から版画、ポスター、コラージュ、本の装幀まで幅広く、画家・横尾の全貌をうかがい知れる。

MUSEUM 72

# 横尾忠則現代美術館

## 戦後を走り続ける美術家の軌跡をたどる

劇団「天井桟敷《てんじょうさじき》」のポスターや少年マガジンの表紙などで一世を風靡し、画家に転身後も、瀧やＹ字路など独自のモチーフ、強烈な色彩の作品を発表し続けている、兵庫県出身の美術家・横尾忠則の美術館。

多岐にわたって活動を続けている彼の作品が約３０００点収蔵されているが、これは画家本人から寄贈・寄託を受けたもの。横尾と関わりのある芸術家や、彼に関係するテーマをとりあげた企画展もおこなう。事前予約制のアーカイブルームでは、横尾のもとにあった原稿や蔵書、お気に入りのレコードなどを閲覧でき、横尾が寺山修司や三島由紀夫らとともに過ごした時代の空気も感じられる。

大きな前庭とピロティが印象的な建物は村野藤吾《むらのとうご》が設計。４階の窓からは起伏にとんだ、灘《なだ》の街並みが見渡せる。横尾の作品をモチーフにした、ユニークなグッズが並ぶショップは必見。１階ではしばしばコンサートなども開かれ、カフェではアルコールも楽しめる。

展示室は2階と3階にまたがる（写真右上・右下）。4階にある通称“目玉廊下”（写真左上）は横尾本人がデザイン。明るく開放感があるカフェ「ぱんだかふぇ」（写真左下）。

data

## 横尾忠則現代美術館《よこおただのりげんだいびじゅつかん》

神戸市灘区原田通 3-8-30

☎ 078-855-5607

10：00 ～ 18：00
（金・土曜～ 20：00）
※入館は閉館 30 分前まで
展示期間はウェブサイトを要確認

休 月曜（祝日の場合は翌日）、
年末年始、メンテナンス期間

¥ 展示内容により異なる

阪急神戸線王子公園駅から
徒歩 6 分

http://www.ytmoca.jp/

こだわりポイント!!

### カフェやショップでひと休み

カフェ「ぱんだかふぇ」は港町・神戸を意識して、ヨーロッパの街並みに溶け込むようなスタイリッシュな内装になっている。ショップでは、展覧会図録や書籍、横尾作品をモチーフとしたオリジナルグッズが揃う。

カフェの人気メニュー、グリル野菜カレーランチ（写真上）と、おすすめグッズのマグカップ（写真下）。

唐招提寺金堂の実寸大の模型は息をのむような迫力。上からも見上げることも、下から見下ろすこともできる。

MUSEUM

73

# 竹中大工道具館

## 連綿と続く宮大工職人の伝統技術

日本唯一の大工道具専門の博物館。開館30周年の2014年を機に、新神戸駅の近くに移転し、新規開館した。館内の7つのコーナーには、所蔵する約3万5000点から厳選された大工道具1000点が展示されている。

また、数寄屋《すきや》造りをスケルトン化させた茶室や、唐招提寺《とうしょうだいじ》金堂の7メートルを超える柱と組物などの原寸大の模型は見もの。職人の繊細な仕事を、五感で楽しむことができる。

六甲山山麓の自然に囲まれた場所に位置する建物もまた鑑賞の対象。奈良県の杉無垢材を使用した船底天井の1階ロビーや鍛冶が鋳造で仕上げた案内サインなど、伝統の職人技術と最先端の建築技術を組み合わせた意欲を随所に観ることができる。

「木」と「道具」をコンセプトにしたオリジナル・グッズを扱うショップや、プロの大工のもとでカンナ削り体験ができる木工室などの施設も充実。

入口入ってすぐの多目的ホール（写真上）。木の心地よい香りが漂い落ち着ける。展示室内（写真左上・下）。大具道具の美にも新たに気付かされる。

data

## 竹中大工道具館《たけなかだいくどうぐかん》

神戸市中央区熊内町 7-5-1

078-242-0216

9：30 ～ 16：30
※入館は閉館 30 分前まで

休 月曜（祝日の場合は翌日）、
年末年始

¥ 一般 500 円ほか

山陽新幹線新神戸駅から徒歩 3 分、
神戸市営地下鉄新神戸駅から
徒歩 3 分

http://dougukan.jp/

こだわりポイント!!

### 木のぬくもりが詰まったグッズを

ひのきや朴の木などさまざまな木材からつくられた「木のたまご」やパズルなど、木の質感を再認識できるグッズが豊富。カンナやノコギリなど大工の道具をモチーフとしたグッズも、かわいさを感じるすぐれもの。

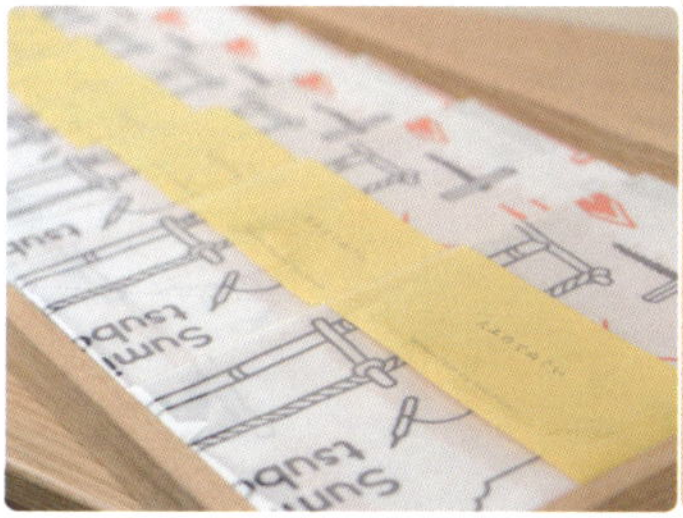

ひのきのえんぴつ（写真右）と、手ぬぐい（写真左）。

MUSEUM

74

# 神戸市立小磯記念美術館

広々とした展示室では、小磯の残した作品にゆったりと触れられる。

アトリエには、小磯の愛用したイーゼルや画材のほか、家具なども展示されている（写真右下）。写真左下はアトリエの外観。

## 神戸をこよなく愛した画家のアトリエを再現

緑豊かな公園内にある美術館。清楚で洒脱な女性像で知られる洋画家、小磯良平の作品や蔵書、デッサンなど2800点が収蔵、展示されている。

いち早く洋風文化が息づいた神戸で生まれ育った小磯は、洗練されたセンス、卓越した画力により、東京美術学校在学中から帝展で特選をとるなど、早くから才能が開花した。フランス滞在で技術にさらに磨きをかけ、猪熊弦一郎《いのくまげんいちろう》らと新制作協会を結成するなど美術界の牽引役となった。

中庭には彼のアトリエを1949年竣工当時の状態に復元して移築。作品のモチーフとなった楽器や人形などの静物や、実際に使用したイーゼルなどを展示し、制作時の雰囲気も再現している。

data

**神戸市立小磯記念美術館**

こうべしりつこいそきねんびじゅつかん

神戸市東灘区向洋町中 5-7

078-857-5880

10：00 ～ 17：00 ※入館は閉館 30 分前まで

休 月曜（祝日の場合は直近の翌平日）、臨時休館日、年末年始（12/29 ～ 1/3）

¥ 一般 200 円ほか　※特別展は別途料金

神戸新交通六甲ライナー
アイランド北口（小磯記念美術館前）駅
から徒歩すぐ

http://www.city.kobe.lg.jp/koisomuseum/

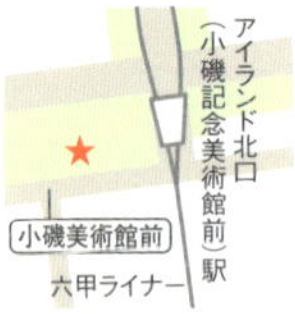

ナポレオン1世戴冠式の衣装（レプリカ）など貴重な服飾を展示するコレクション展。

MUSEUM

75

# 神戸ファッション美術館

## "ファッション"をテーマにした日本初の公立美術館

いち早くハイカラ文化を取りいれてきた港町・神戸の海上都市「六甲アイランド」のランドマークが同館。円盤のような目を引く外観が印象的な建物だ。ロココから現代までの服飾史を彩る約1万7500点にものぼる収蔵品からなる「コレクション展」と、多彩なアートを紹介する「特別展」を随時開催。往時のドレス「ローブ・ア・ラ・フランセーズ」試着コーナーもあり、記念写真も可能。

2018年からファッションデザイナー・コシノヒロコが名誉館長に就任し、コレクションや絵画を鑑賞できるコーナーも開設された。また約4万冊の蔵書を持つライブラリーは必見！「VOGUE」創刊号など貴重な雑誌や書籍を無料で閲覧できる。

名誉館長コシノヒロコのコレクションやアート作品を展示する「KH　FASHION　BOX」（写真下2点）。

data

**神戸ファッション美術館**

こうべふぁっしょんびじゅつかん

神戸市東灘区向洋町中 2-9-1

- 078-858-0050
- 10：00 ～ 18：00
  ※入館は閉館 30 分前まで
- 休 月曜（祝日の場合は翌日）、年末年始、展示替え期間（展示室のみ）
- ¥ 展示内容により異なる
- 神戸新交通六甲ライナー アイランドセンター駅から徒歩すぐ
- http://www.fashionmuseum.or.jp/

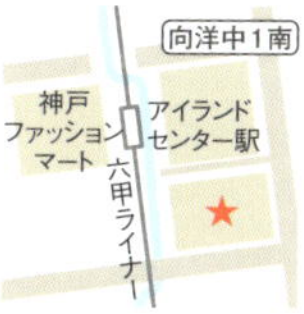

オリジナルグッズのロココシールは300円（税込）。

うろこの家

神戸北野美術館

うろこの家に隣接する展望ギャラリーでは、「トロワイヨン」（バルビゾン派）の風景画などを展示。

MUSEUM
76

# 神戸北野異人館街

## 神戸の異国情緒を味わう建築散歩

1868年に開港し、幕末から多くの外国人が滞在していた神戸市中央区北野町は洋館が数多く残り、いつしか「北野異人館街」と呼ばれるように。そのなかには現在美術館として活用されているものも多い。

「うろこの家」ではマイセンをはじめとする西洋の磁器やガラス工芸品が、展望ギャラリーではフランスの近現代画が展示されている。「神戸北野美術館」ではフランスはパリ、モンマルトル地区で活躍した画家たちの作品を、「山手八番館」ではロダンやブルーデルなどの近代彫刻の巨匠作品やアジアの仏像などの立体作品を中心に展示。「風見鶏の館」や「萌黄の館」は建物そのものが鑑賞の対象だ。それぞれの建物に特徴があり、一帯をそぞろ歩きをするだけでも楽しい。

ロケーション抜群な神戸北野美術館のカフェ

ラインの館

風見鶏の館

山手八番館

萌黄の館

山手八番館の目玉、サートゥルヌスの椅子

data

## 神戸北野異人館街《こうべきたのいじんかんがい》

神戸市中央区北野町 3 -10-20
（北野風見鶏の館前の北野観光案内所）

JR 山陽新幹線ほか・神戸市地下鉄
新神戸駅から徒歩 10 分、阪神地下鉄三宮駅・
JR 神戸線三ノ宮駅から徒歩 15 分

https://www.kobeijinkan.com/

入館料・営業時間・休館日は施設によって
変わるので、下記電話番号から要確認を

**うろこの家・展望ギャラリー**
0120-888-581

**神戸北野美術館**
078-251-0581

**山手八番館**
0120-888-581

**風見鶏の館**
078-242-3223

**ラインの館**
078-222-3403

**萌黄の館**
078-222-3310

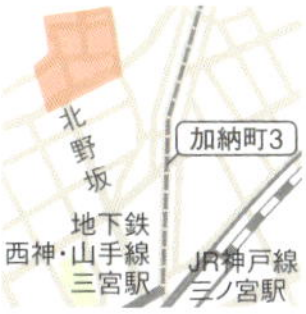


こだわりポイント!!

### 建築アート鑑賞の合間にひと息

異人館街には喫茶スペース・カフェが多くあり、どこも雰囲気抜群。散策の休憩にホッとひと息を。うろこの家のガーデンハウスでは下の写真のようなメニューを楽しめる。そのほかにも、カフェは神戸北野美術館やプラトン装飾美術館（イタリア館）、ウィーン・オーストリアの家などにも併設。神戸北野美術館のカフェ、人気メニューはオリジナル生地のワッフル。季節限定メニューも豊富も揃う。

25 センチもある！　神戸ドッグ（600 円）

期間限定の春パフェ（500 円）。

MUSEUM
77

# 香雪美術館

コレクションは東洋美術がメイン。
茶席を再現した展示室も見どころ。

緑の広がる庭園風景（写真右下）。写真左下は野々村仁清《鴨 香炉》をモチーフにしたタオルハンカチ。ピンクと深緑色の 2 種類各 500 円（税込）。

## 敷地内の庭園でのひとときも楽しみたい

閑静な住宅地・御影《みかげ》にある美術館。朝日新聞社を創設し、茶人としても活動した村山龍平が蒐集した絵画や茶道具、仏教美術など日本、東洋の古美術品を収蔵する。村山は、岡倉天心らが創刊し、現在も続く美術雑誌『国華』の苦境をサポートしたことがきっかけで美術に関心を持ち、コレクションをおこなうようになった。

同館敷地内にある起伏に富んだ地形をいかして配置された、明治・大正期の建築は「旧村山家住宅」として国の重要文化財に指定されている。

春秋期に開催される庭園の特別公開時（申込制・有料）に、その佇まいを観ることができる。また、秋には茶室棟や書院棟において、館蔵の茶道具などを使った「玄庵茶会」（有料）も開催している。

data

**香雪美術館**
こうせつびじゅつかん
神戸市東灘区御影郡家 2-12-1

078-841-0652

10：00 ～ 17：00
※入館は閉館 30 分前まで

休 月曜（祝日の場合は翌日）、展示替え期間

¥ 一般 700 円ほか ※特別展は別途料金

阪急神戸線御影駅から徒歩 5 分

http://www.kosetsu-museum.or.jp/

small museums in kyoto

# 12 奈良エリア

nara

大和文華館 (p.152-53)

展示内容によって、開館時間や入館料金が異なることがあります。
お出かけ前に、各館の公式ウェブサイトをご確認ください。

展示室中央には竹の植えられた庭がある。

MUSEUM 78

# 大和文華館

## 世界的な学者が監修したコレクション

日本最古のダムとされる菅原《すがわら》池《いけ》（通称・蛙股池《かえるまたいけ》）のほとりにある美術館。構想者は近畿日本鉄道（近鉄）初代社長、種田《おいた》虎《とら》雄《お》。種田は京都と奈良、伊勢という歴史ある地域を結ぶ鉄道会社の使命として、東洋美術の素晴らしさを発信する施設の建設を計画。国内外で活躍していた美術史家、矢代幸雄《やしろゆきお》に収集を一任した。

矢代はイギリス、イタリアでルネサンス美術を研究し、帰国後は東洋美術研究に専念したという、世界的にも著名な研究者。東西双方の価値観を理解する矢代は個人の好みによるものでなく、時代ごとに作品を系統的に収集。当初は約700件だった所蔵品は、現在は2000件超に。そのなかには《婦女遊楽図屏風（松浦屏風）》など国宝が4件、重要文化財は31件も含まれている。

また、桃山時代の城郭を彷彿とさせるなまこ壁が印象的な建物は吉田五十八《いそや》の設計。展示室中央に設けられた中庭からはやさしい光が降り注いでいる。鑑賞後は、自然園「文華苑」で自然散策も楽しみたい。あじさいや梅、ササユリなど四季折々の花々で彩られた庭園は、いつ訪れても花が満開だ。

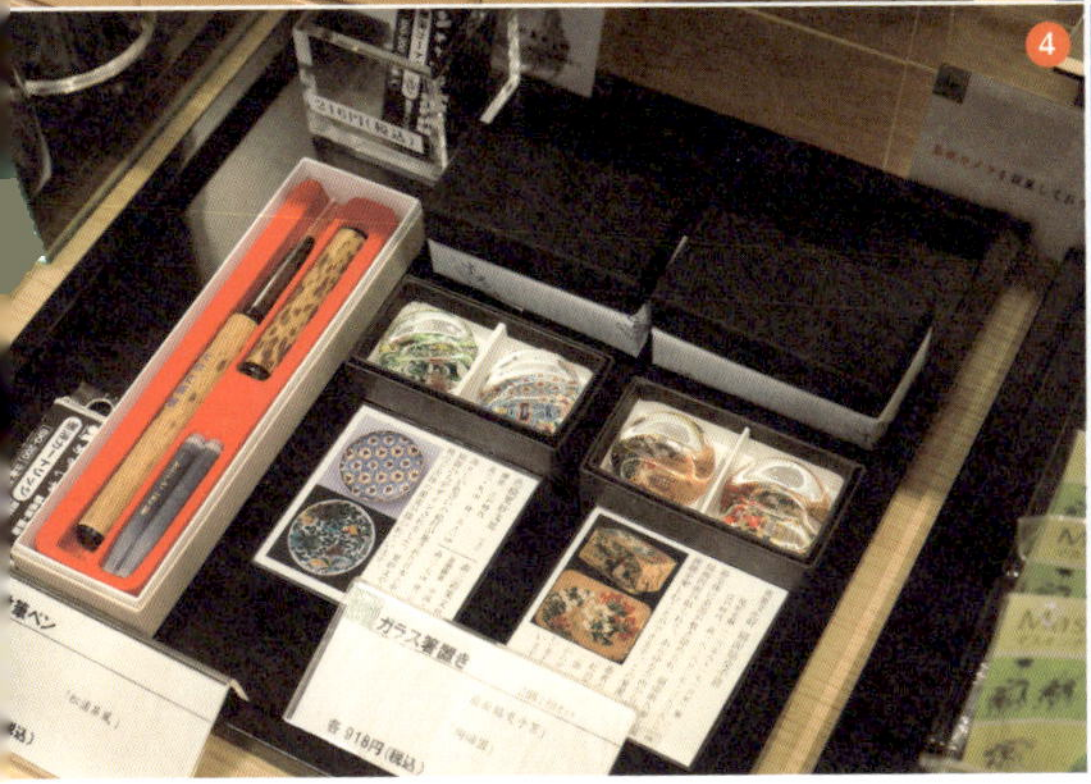

❶静かな環境でゆったり鑑賞できる。❷明治期に建てられた奈良ホテルのラウンジ一部を移築した文華ホール。❸ ❹普段使いできるミュージアムグッズが豊富。

data

## 大和文華館《やまとぶんかかん》

奈良市学園南 1-11-6

- ☎ 0742-45-0544
- 10：00 ～ 17：00
  ※入館は閉館 1 時間前まで
- 休 月曜（祝日の場合は翌平日）、年末年始、展示替え期間
- ¥ 一般 620 円（特別展は 930 円）ほか
- 近鉄奈良線学園前駅から徒歩 7 分
- http://www.kintetsu-g-hd.co.jp/culture/yamato/

こだわりポイント!!

### 自然も美術も一緒に愛でるもの

美術館は緑豊かな自然苑を通った先にあり、四季折々の植物を楽しんだのちに、美術品も楽しむという流れになっている。これは日本の文化は自然との共生のなかにある、という考えから。写真右下は名物の三春の瀧桜。展示室後方には、蛙股池を見渡せるバルコニーもある（写真左下）。

MUSEUM

79

# 喜多美術館

収蔵品は、世紀末印象派から具象を主体に、国内外の作家を幅広く扱っている。

併設の記念館にはヨーゼフ・ボイスやマルセル・デュシャンら現代アートも（写真右下）。美術館の外観（写真左下）。周辺には歴史的なスポットも多いので、森林浴がてら歩きたい。

## 稀代のコレクターが遺した珠玉のコレクション

のどかな田園のなかにある同館は、生涯を通じて西洋美術の収集に勤しみ、日本を代表するコレクターと称された喜多才治郎が自宅の敷地内に創設したものだ。そのコレクションはルノワール、ユトリロなどの印象派から、アンディ・ウォーホルやヨーゼフ・ボイスなどの現代美術まで多岐にわたる。

気鋭の作家を取り上げた企画展をおこなう新館や、300年以上続く喜多家伝来の陶器や漆器を展示する酒蔵を改装したスペースも設けられている。

同館は日本最古の神社ともされる大神《おおみわ》神社の近くにあり、「山の辺の道」と呼ばれる古事記にも登場した古道に面する。天理までの道のりには、神社や古墳が点在。歴史を感じるハイキングを楽しみながら、出かけよう。

data

**喜多美術館**
きたびじゅつかん
桜井市大字金屋 730

☎ 0744-45-2849

10：00 ～ 17：00
※入館は閉館 30 分前まで

休 月・木曜（祝日の場合は翌日）、夏季、年末年始、展示替え期間

¥ 一般 800 円ほか

JR 桜井線三輪駅から徒歩 7 分

http://www13.plala.or.jp/kita-museum/

# 松伯美術館

展示室は池や中庭をぐるりと囲むようにして配置されている。

ミュージアムショップでは図録をはじめ、一筆箋やハガキなどがそろう（写真右下）。美術館は大渕池のすぐそば（写真左下）。

## 気品あふれる近代美人画にうっとり

実業家、種田虎雄の遺志を受け、大和文華館（152ページ）の創設にも尽力した近畿日本鉄道（近鉄）七代目社長、佐伯勇の旧宅に創設された美術館。憂いのある美人画で知られ、女性初の文化勲章を受けた上村《うえむら》松《しょう》園《えん》、その息子で花鳥画に秀でた松篁《しょうこう》、日本画の新境地を探求する淳之《あつし》の3代にわたる作品や草稿、スケッチなどを収集・保管・展示している。開館のきっかけは、近鉄が松篁・淳之の両氏から上村家3代の作品の寄贈を受けたこと。現在は3代の画業を紹介する企画展のほか、日本画の普及や作家の育成を目的とした公募展なども開催。同館に隣接するのは、村野藤吾が設計した佐伯勇の旧邸。開館日の土・日曜、祝日に限り、開放された内庭で野点喫茶を楽しめる。

data

**松伯美術館**
しょうはくびじゅつかん
奈良市登美ヶ丘 2-1-4

- 0742-41-6666
- 10：00 ～ 17：00
  ※入館は閉館 1 時間前まで
- 休 月曜（祝日の場合は翌平日）、年末年始、展示替え期間、臨時休館日
- ¥ 一般 820 円ほか
- 近鉄奈良線学園前駅より奈良交通バス大渕橋バス停下車
- https://www.kintetsu-g-hd.co.jp/culture/shohaku/

MUSEUM
81

# 寧楽美術館

広々として静かな展示室でゆったりと「東洋の美」に触れられる。

## 奈良最大級の庭園で「東洋の美」を

奈良の中心地、東大寺と興福寺の間に位置する日本庭園「依《い》水園《すいえん》」に併設された美術館。同館は、１９３９年に依水園の当主となった中村準策、息子の準一、孫の準佑が収集し、神戸大空襲を逃れた２千数百点のコレクションを所蔵・展示する。所蔵品は重要文化財に指定されている田能村竹田《亦復一楽帖》をはじめ、古代中国の青銅器や拓本、高麗・朝鮮王朝時代の陶磁器、日本の茶道具など多岐にわたる。

依水園は、奈良地方で生産される高級麻織物「奈良晒」で財をなした清須美道清が１６７３年に造営した庭園。明治時代に繊維会社を営む関藤次郎が庭園を拡張、江戸時代の「前園」と明治時代の「後園」のふたつの庭園の違いを見比べられる。

美術館の入館料とセットになっている依水園(写真左下)。庭園もゆっくりと散策する時間を取っておきたい。

data

**寧楽美術館**
ねいらくびじゅつかん
奈良市水門町 74

- ☎ 0742-25-0781
- 9：30 〜 16：30
  ※入館は閉館 30 分前まで
- 休 火曜（祝日の場合は翌日）、年末年始、展示替え期間　※4、5、10、11 月は無休
- ¥ 一般 900 円ほか
- 近鉄奈良線奈良駅から徒歩 15 分
- https://isuien.or.jp/museum

# 奈良市杉岡華邨書道美術館

春と秋、年２回企画展が、夏と冬に館蔵品による展覧会が開催されている。

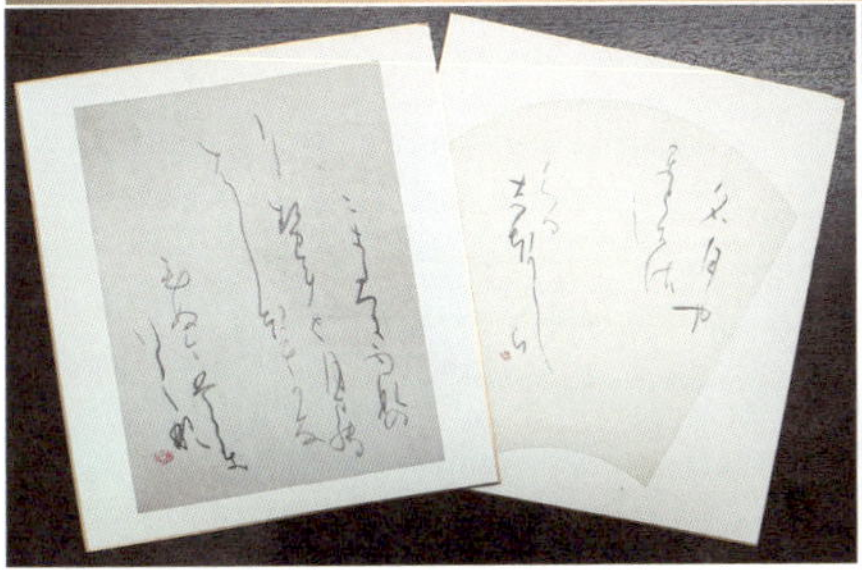

元興寺など観光スポット近くの落ち着いた展示室（写真右下）。ミュージアムグッズのおすすめは色紙（写真左下）。他にも図録などが揃う。

## 書道の魅力を伝える専門美術館

「かな書」を極めた書家・杉岡華邨《かそん》の功績をたたえ、そして書道文化の発展に寄与するために設立された書道専門の美術館。かつて墨屋が営まれていた場所に位置し、杉岡からの作品寄贈を受け、2000年に開館した。

かな書とは、平安時代に完成した「かな」を使った書のこと。書体だけでなく、文字と文字との連なり（連綿）や墨色の美、一行の長さや行間、そして全体のバランスなど、空間全体の調和を鑑賞する。

奈良県吉野郡に生まれた杉岡は、教師として郷里の尋常高等小学校に赴任。そこで習字の研究授業を命じられたことがきっかけで書道に取り組む。書家としてかな書を追求する一方、王朝文学にあらわれた書のあり方について研究の道も深めた。

data

### 奈良市杉岡華邨書道美術館

ならしすぎおかかそんしょどうびじゅつかん

奈良市脇戸町３

- 0742-24-4111
- 9：00 ～ 17：00
  ※入館は閉館 30 分前まで
- 休 月曜（祝日の場合は翌日）、祝日の翌日、年末年始、展示替え期間
- ¥ 一般 300 円ほか
- 近鉄奈良線奈良駅から徒歩 10 分、JR 奈良線奈良駅から徒歩 15 分
- http://www3.kcn.ne.jp/~shodou/

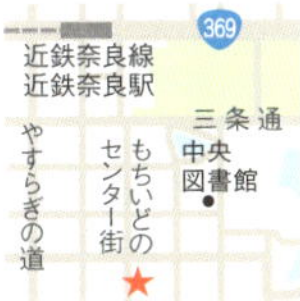

MUSEUM

83

# 入江泰吉記念奈良市写真美術館

入江のほかにも、国内外の写真家の作品を展示している。

サンクガーデンから水庭を眺めつつひと息（写真右下）。館内にあるカフェからも水庭を眺めることができる。人気のミュージアムグッズ・ハガキ（写真左下）。

## 古都・奈良を撮り続けた写真家の世界へ

戦後から約50年、奈良大和路の風景や仏像の美を追求した写真家、入江泰吉の約8万点に及ぶ作品や、奈良に関する写真作品を収蔵、展示する。東大寺の旧境内で生まれた入江は、戦前は大阪で写真家として活動し、戦災により帰郷。疎開先から戻される東大寺法華堂四天王像を目撃した際、アメリカに接収されるとの噂を聞きつけ、写真に記録することを決意する。これをきっかけに、奈良の風景、仏像の美しさを被写体に、生涯にわたりシャッターを切り続けた。

大きく黒い瓦屋根が特徴の建物は黒川紀章の設計。古寺の多い環境に配慮し、調和を重んじて設計されたシンプルな外観だが、宇宙船のようなメタリック天井、うねる手すり付きの階段など内装はインパクト大。

data

### 入江泰吉記念奈良市写真美術館

いりえたいきちきねんならししゃしんびじゅつかん

奈良市高畑町 600- 1

☎ 0742-22-9811

9：30 〜 17：00
※入館は閉館 30 分前まで

休 月曜（祝日の場合は翌日）、祝日の翌日、年末年始、展示替え期間

¥ 一般 500 円ほか

JR 奈良線・近鉄奈良線奈良駅より奈良交通バス破石町バス停から徒歩 10 分

http://irietaikichi.jp/

column 五

[ KYOTO TRADITIONAL ART GOODS II ]

# 伝統工芸品を アートグッズ感覚で

アートグッズ感覚で伝統工芸品を買うことのできる老舗ショップ第2弾。京都には、気軽に伝統の技に親しめる店がたくさんある。美術館めぐりの合い間に、ぶらりとのぞいてみて。

京都の名所や名産をつづった「京都花札」2160円(税込)。海外へのおみやげにも喜ばれそう。

遊びと知恵の詰まった京の雅

伏見桃山

## 大石《おおいし》天《てん》狗《ぐ》堂《どう》

寛政12(1800)年創業。江戸以前から続く店舗はここだけ、という老舗のかるた屋。色鮮やかで繊細に描かれた、かるたや花札の絵柄はもはや美術品の域に。最近では光琳かるたなどの復刻も手がける。

DATA
☎ 075-603-8688
🕒 9：00～17：00
(土曜、10:00～17:00)
㊡ 日曜、祝日
🌐 http://www.tengudo.jp/

毎年季節に合わせて新柄が発表される。縁起物として贈り物にも最適。

そよぐ風もアートのように楽しむ

四条烏丸 MAP p.51

## 京うちわ 阿《あ》以《い》波《ば》

創業元禄2(1689)年。御所うちわの伝統を受け継ぎ、いまや唯一の「京うちわ」を守り続ける老舗。独特の製作方法でつくられたうちわは、涼をとるためにあおいでも、インテリアとして飾っても優美な逸品。

DATA
☎ 075-221-1460
🕒 9：00～18：00
㊡ 日曜、祝日　※4～7月は18:00まで無休営業
🌐 http://www.kyo-aiba.jp/

京都生まれの画家・加藤晃秀による木版画「嵐山桜景」2万1600円（税込）。白黒を基調に大胆な構図で古都の風情を描いている。

味わい深い木版画の魅力

河原町 MAP p.51

## 芸《うん》艸《そう》堂《どう》

浮世絵などでおなじみの木版画。これを彫りの段階から摺りまで手作業でいまもおこなっている版元。直営ショップには、ていねいにつくられた本格的な版画はもちろん、ふだん使いできる文具や手ぬぐいなどの雑貨が揃う。

DATA
☎ 075-231-3613
🕒 9：00～17：30
㊡ 土・日曜、祝日
🌐 http://www.hanga.co.jp/

写真：何必館・京都現代美術館

## 岡山拓　taku okayama

兵庫県生まれ。京都の大学で陶芸を学んだ後、関西を中心に個展を開催。作家として現代美術と関わることで鑑賞の複雑さを知り、2001年より鑑賞講座トリ・スクールを主催。同時にライターとしても執筆活動をはじめる。

## 浦島茂世　moyo urashima

執筆ページ
(p28-29,34-40,72-73,80-81,89,106,108,118-120,124,135-138,142-150,152-158)

美術館、博物館、資料館はおまかせ。美術館訪問が日課のフリーライター。時間を見つけては美術館やギャラリーへ足を運び、内外の旅行先でも美術館を訪ね歩く。Webや雑誌など、幅広いメディアで活躍中。主な著書に『東京のちいさな美術館めぐり』『企画展だけじゃもったいない　日本の美術館めぐり』（ともにG.B.刊）がある。

AllAbout 美術館　オフィシャルガイド。

http://small-museum.hatenablog.com/


staff

| | |
|---|---|
| 編集 | 中尾祐子 |
| 営業 | 峯尾良久 |
| 撮影 | 入交佐妃 |
| AD | 山口喜秀（Q.design） |
| デザイン | 別府拓（Q.design） |
| 地図制作 | マップデザイン研究室 |

本書は2015年10月刊の『京都のちいさな美術館めぐり』を一部、加筆・修正したものです。

京都のちいさな美術館めぐり
プレミアム

| | |
|---|---|
| 初版発行 | 2019年 5 月 30 日 |
| 第 2 版発行 | 2022年 10 月 31 日 |
| 著者 | 岡山拓／浦島茂世 |
| 発行人 | 坂尾昌昭 |
| 編集人 | 山田容子 |
| 発行所 | 株式会社 G.B. |
| | 〒102-0072　東京都千代田区飯田橋 4-1-5 |
| 電話 | 03-3221-8013（営業・編集） |
| FAX | 03-3221-8814（ご注文） |
| 印刷所 | 株式会社広済堂ネクスト |





ISBN 978-4-906993-71-0